STILL RETAIN
CHILDLIKE
INNOCENCE

童心未泯

张祝平◎主编

杭州出版社

图书在版编目（CIP）数据

童心未泯 / 张祝平主编 . -- 杭州 : 杭州出版社，
2022.7

ISBN 978-7-5565-1734-3

Ⅰ．①童… Ⅱ．①张… Ⅲ．①老年人－生活－研究
Ⅳ．①C913.6

中国版本图书馆 CIP 数据核字（2022）第 016946 号

Tongxin Wei Min

童心未泯

张祝平　主编

责任编辑	杨　凡	
封面设计	屈　皓	
装帧设计	魏君妮　王立超	
出版发行	杭州出版社（杭州市西湖文化广场 32 号 6 楼）	
	电话：0571-87997719　邮编：310014	
	网址：www.hzcbs.com	
印　　刷	浙江全能工艺美术印刷有限公司	
开　　本	710 mm×1000 mm　1/16	
印　　张	8	
字　　数	126 千	
版 印 次	2022 年 7 月第 1 版　2022 年 7 月第 1 次印刷	
书　　号	ISBN 978-7-5565-1734-3	
定　　价	36.00 元	

前　言

　　但得夕阳无限好，何须惆怅近黄昏。生命衰老是大自然的规律，谁都无法抗拒，也不可能让时光倒流重新回到孩童时代。但是，故事老了，情节不能老；琴老了，曲调不能老；人老了，心灵不能老。老年人要时刻保持一颗童心，常留童趣，才能活出健康年轻态。

　　金山银山不如健康是靠山。幸福的晚年生活，身心健康是第一位的。而健康是老年人面对的最基本的大事，涉及老年阶段方方面面的知识。本书主要从心理健康、兴趣爱好、生活习惯等角度介绍全生命周期健康管理知识，引导老年人珍惜和热爱生命，保持孩子般的心情，乐当老顽童，"莫道桑榆晚，为霞尚满天"。

　　为了关爱老年人群体的精神文化生活，为他们提供更为广阔的视角和思维空间，乐享健康，智慧养老，科学养老，浙江老年电视大学邀请富有经验的专家、学者精心策划编写了本书，重点讲解老年人全生命周期健康管理知识。

　　本书在编写的过程中借鉴了国内外同行的一些研究成果，还得到了魏皓奔研究员等资深学者的热情指导，在此特表感谢。由于本书编写者知识、经验所限，书中难免存在一些疏漏和不足之处，恳请广大读者批评指正。

STILL RETAIN
CHILDLIKE
INNOCENCE

|目录|

STILL RETAIN
CHILDLIKE
INNOCENCE

|第一章|

人对生命的认识

　　生命是人生的永恒议题，是每个人都要认识、经历和丰富的。人的生命是自然生命、社会生命与精神生命的复杂统一体。人的生命的完整性决定了生命教育贯穿人生各阶段的综合性。

第一节　人生的永恒议题

生命的时间有限，需要我们学会看淡、学会放下、超脱生命。浓烈到葆有对生活的极大热爱，恬淡到葆有对生命苦难的理解宽容，是处理生与死的人生议题的应然取向。

一、人的生命三问

人为什么活着、人应当如何活着、什么样的人生才有价值是贯穿人生各阶段的"三问"。在今天，老年人身上的敏感性、脆弱性、焦虑性愈发明显，需要关怀者从生命"三问"的角度予以回应。

1. 人为什么活着。著名作家余华说过："人是为了活着本身而活着，而不是为活着之外的任何事物而活着。"人到老年阶段，经历万水千山，走过风风雨雨，一路磕磕绊绊，深感人生不易、时光飞逝，不再像青年阶段一样为了事业、为了金钱而忙碌，开始停下脚步体会活着本身的幸福。

2. 人应当如何活着。老年阶段，对于欲望的追求逐渐减弱，且常有行动迟缓、记忆衰退、对生命"终点"产生恐惧等生理和心理表现。与之相伴随的，是老年人对于人生的无意识的厌离。为了纾解这一厌离心理，老年人可以通过过好当下等向内用力的方式，自觉地尽力量去生活。

3. 怎样的人生才有价值。当今社会上依然存在对老年人的偏见，即认为老年人是社会的"包袱"，不能为社会带来效益。面对社会上部分人群的质疑，老年人也容易产生自卑感。美国百岁老人哈里·利伯曼说："不要总去想还能活几年，而是想还能做些什么。"从 1902 年到 1983 年间，先后有 11 位 75 岁以上的高龄老人获得诺贝尔奖，获奖者的平均年龄为 80 岁。老年人应该坚持老有所为的理念，通过做有意义的事来实现有价值的人生。

二、度一个浓烈的人生

人生在世，需要浓烈的情感、浓烈的投入与浓烈的热爱。只有用尽全力、浓烈生活过的人生才是真正有价值的人生。

1. 热爱生活。电影《大鱼海棠》中有这样一句话："这短短的一生，我们最终都会失去，你不妨大胆一些，爱一个人，攀一座山，追一个梦。"生命的浓烈程度取决于人对生命本身的看法与活法。它从不局限于青少年阶段，也从不将老年阶段排除在外。老年人有追求生命浓烈的机会与权力，有将生命活得有滋有味的无限可能。

2. 爱护自我。爱自己是一种对自身精神上的呵护和情感上的鼓励。当子女由于学习、工作等原因离家后，独守"空巢"的老年人对子女的"离巢"难以适应。处于这种情况的老年人可将重心更多倾斜到爱护自我的身心健康上面，照顾好自己，安顿一颗心。

2. 珍惜今天。人生包含着每一个"今天"，每一个"今天"在一定程度上象征着人生。为给生活添一抹新绿，老年人要过好每一个当下，不辜负每一个平凡的日子，认真吃饭、开心生活、培养爱好、热爱大自然、融入集体，将每一个平凡的今天过得充实。

三、度一个恬淡的人生

人生在世，需要淡然的心态、冷静的思索与大度的格局。只有用恬淡辅助浓烈，生活才能实现动静结合。

1. 正视"终点"。人有悲欢离合，月有阴晴圆缺，美好与缺憾共同构成生命的本质。改变自己所能改变的，接受自己所不能改变的，以恬淡的心境与乐观的心态顺应万物之变化，无疑是对老年生活的最大尊重。

2. 宽容今天。人生一世，谁都有可能犯错，谁都有可能迷茫、困顿与焦虑。不执着于生活中的小事，学会宽容今天，学会适当给自己解压，学会与生活和解，是对待生活的大智慧与大境界。

第二节　自然生命、社会生命与精神生命的三维统一

人的生命是自然生命、社会生命与精神生命的复杂统一体，无法用简单的词汇描述，无法用单一的层面涵括。三者相互作用、互为补充，共同构成多姿多彩的生命本色。

一、自然生命

自然生命立足于生命的长度，更多指涉寿命与健康。自然生命的维护既需要医疗水平的不断发展，又需要每个人对生命的悉心关照。

1. 生命的长度。自然生命指涉生命的长度，通俗地讲，就是活了多少日子。寿命与健康是影响自然生命的关键元素。随着医疗水平的不断提升，人们的平均寿命逐渐延长，对于疑难杂症的解决水平也大幅度提升。

2. 对生命的悉心关照。对生命的悉心关照是维持生命良好状态的主观要素。有些人在生病时才意识到对身体状况的忽视。我们给予生命的关照程度直接影响生命给予我们的回赠。了解自己的身体状况、尊重身体规律，是过好自然生命的前提。

二、社会生命

社会生命立足于生命的宽度，更多指涉生活的社会维度。对社会生命的维护需要每个人积极主动地实现社会价值。

1. 生命的宽度。社会生命指涉生命的宽度。人的一生，从生到死，始终离不开社会。人与人之间有各种各样的社会关系，如血缘关系、业缘关系、地缘关系等。人们正是在这种社会关系中塑造自我，在与他者的关系中发展生命。

2.实现社会价值。电影《寻梦环游记》中有这样一句话："真正的死亡，是世界上没有一个人记得你。"由此可见，人的社会价值的发挥是延展生命的重要保障。古代战国时期，齐军跟在老马后面，走出险谷的事件告诉我们"老马识途"的道理。老年人作为社会的重要组成部分，可以用自己一生积累的知识、技能、经验为困惑的年轻人指点迷津，以更好地实现社会价值。

三、精神生命

精神生命立足于生命的厚度，更多指涉人生的意义，强调人们对自我应当如何生活的思考。

1.生命的厚度。精神生命指涉生命的厚度，关照生命的质量，通俗意义上来说，是生命里"值得"的日子、"闪光"的日子。在生命面前，人不仅需要思考我要如何生活，而且需要思考我该如何生活。

2.提振人生意义。司马迁说："人固有一死，或重于泰山，或轻于鸿毛。"历史与现实中无数个牺牲小我保全大我的英雄证明了一个事实：个体生命的长度总是有限的，但是追求生命价值、提振人生意义的厚度总是无限的。

第三节　生命教育：人生的重要课题

卢梭说："我们的教育是同我们的生命一起开始的。"教育作为一项传递生命气息的灵魂工程，重在为生命注入暖流。与对老年人的安抚式、宽慰式的教育相反，积极的生命教育肯定老年人的自我价值，以"建设性力量"代替"余热性发挥"与"悲悯式同情"，尤其强调老有所为、老当益壮、老而弥坚。

一、积极的生命教育

生命教育有积极与消极之分。对于老年人来说，积极的生命教育鼓励老年人活出有意义、有精气神的老年生活。

1. 积极的老龄观。积极的老龄观是生命教育的目标指向。我国是世界上人口老龄化程度比较高的国家之一，面对加速发展的老龄化问题，开展积极的生命教育，对于扭转生命老龄化导致的心态老龄化意义重大。

2.共建共享社会事业。生命教育着眼于增强老年人的获得感、幸福感与安全感，使老年人在共建共享社会事业，参与政治、经济、文化与社会生活的过程中强化自己的社会生命意义。

二、重视生命的安全与发展

安全与发展是生命教育的核心范畴。生命安全为老年生活保驾护航，生命发展为老年生活添砖加瓦。

1.生命安全。生命安全一般意义上包括生理健康安全和心理健康安全。随着复杂性社会的来临，不确定性、风险性要素逐渐增多，老年人往往出现力不从心、极度焦虑、不安暴躁等诸多"生命的困顿"现象。心理健康越来越成为影响老年人生命质量的重要因素。

2.生命发展。发展是在"健康老龄化"基础上提出"积极老龄化"理念的关键立足点。生命教育通过明晰老年人的安全风险、激发老年人的发展潜能、提供老年人的发展平台来增强老年人的反脆弱性力量，提升老年人的"抗老化"能力，实现以生命发展保障生命安全的理想预期。

三、生命最后一程教育

人的生命是有限的，但在谈论生命的时候，往往会避谈生命的最后一程。事实上，谈生命教育，必然绕不开对生命最后一程的谈论。

1.是生命教育的重要组成。在谈论这个话题时不要有规避闪躲的态度，进而引导老年人正视这个话题，珍惜可以感知、可以触摸、可以参与的美好生活。

2.生命意义不会终结。走完生命的旅程并不代表人生的结束，大多数人都有后代延续自己的血脉，有的人更是能留下宝贵的精神遗产，比如众多出名的画家、文学家等。将生生不息的概念永存于心，就是对生命意义的最好延续和传承。

STILL RETAIN
CHILDLIKE
INNOCENCE

| 第二章 |

人类全生命周期演化

　　人类的一生大致会经历婴儿期、儿童期、青少年期、中年期与老年期。每个阶段的心理状况各有特点，要以"毕生发展"的视角正确看待人类全生命周期演化过程中各个发展阶段的心理特点，顺利实现各心理阶段的转换，收获健康、完满的人生体验。

第一节　婴儿期：亲子依恋的关键期

婴儿期是亲子依恋的关键期，对于人的一生成长与发展都尤为重要。我们需要正确认识婴儿的心理特点，明确健康的依恋关系。

一、正确认识婴儿的心理特点

婴儿具有卓越的学习能力，但大部分成年人却存在对婴儿期记忆缺失的问题，因此正确认识婴儿的心理特点尤为重要。

1.卓越的学习能力。在记忆方面，婴儿其实已经具有记忆能力，年龄较大的婴儿比年幼的婴儿记忆更准确。6个月大的婴儿对信息记忆可长达24小时；9—12个月的婴儿已经能将食品、动物、交通工具分别归类，掌握信息整合及解决问题的能力。

2.婴儿期记忆缺失。大部分成年人对他们3岁以前的经历能够回忆起来的很少，甚至很多人已经完全忘记了，这叫作婴儿期记忆缺失。精神分析学派的创始人弗洛伊德认为，这部分记忆并没有丢失，而是压抑在了潜意识当中，在特定的环境场景中，我们很可能会觉得该场景"似曾相识"并将相关的记忆提取出来。

二、亲子依恋

婴儿期的这些心理特点，直接导致这个时期成为亲子依恋形成的关键时期。而婴儿的依恋关系也有不同的分类。

1.感情联结。依恋产生于婴儿与其父母的相互作用过程中，是一种感情上的联结和纽带。英国心理学家鲍尔比认为："在这个世界上，我们的生命……都围绕着各类亲密的依恋关系开展。"

2.婴儿的依恋关系分类。婴儿的依恋关系可以基本划分为安全型依恋、回避型依恋、矛盾型依恋三种。

三、沟通对健康的依恋关系的重要性

科学家在研究依恋类型的婴儿时发现，在依恋关系中婴儿与照顾者的"沟通"是最为重要的。

1.沟通。当婴儿发出信号，照顾者就应当用行动做出解答。譬如当婴儿流着泪伸手要母亲抱起，母亲此时就应该用行为做出回答，这时的沟通就在表达"我能体会你的感受，我能回应你的需求"。

2.依恋代际传递。假如婴儿从照顾者身上得到的沟通与回应是不可预料的，就会影响婴儿的自我协调能力，婴儿将遭受持续的压力乃至痛苦的感受，并保留至成年阶段，我们称之为"依恋代际传递"。

第二节 儿童期：自我构建的开端期

美国实验心理学家杰姆斯认为："人性最深层的需要就是渴望别人的赞赏，这是人类之所以区别于动物的地方。"人在儿童期开始构建起"自我"的概念，渴望得到承认。

一、儿童自我构建的心理任务

在儿童阶段，人要完成对"自我"的认识。儿童通过能力描述与读懂他人的想法等形式开始自我构建。

1.能力描述。儿童对于"自我"的描述已经不仅限于具体的行为，而且开始涉及能力的描述。儿童开始注意到自己某些方面做得不错，某些方面存在不足。儿童对自己的描述更为客观、平衡，不再以"全有"或是"全无"的概念对自我进行判定。

2. 读懂他人想法。儿童在这个阶段开始能读懂他人的想法，并把他人的想法整合到自我构建的心理过程之中。儿童不断地吸收他人给予的期望与理想，形成一个"理想的自我"，并与"真实的自我"进行比较与判断。如果两者存在落差，儿童很容易产生悲伤、绝望、烦恼等情绪。

二、儿童自尊

自尊对于儿童来说意义非凡，要以科学、理性的态度帮助儿童建立自尊，完成自我构建。

1. 对于身体与外貌的重视。在儿童的自我评价中，对于身体、外貌的评价越来越重视，在自尊中占有很大比重。

2. 亲子关系与儿童自尊。良好的亲子关系可以帮助儿童维持积极的自尊感，应当以温情的养育方式向儿童表达积极的情感，让儿童感受到自己被充分接纳，感受到被重视与被尊重。

第三节 青少年期：身心发展的加速期

青少年处于身心发展的加速期，是整个人生发展尤为关键的时期。青少年想要迅速地走向成熟却又未能完全成熟，世界观、人生观、价值观正在形成，他们在不停地思考、选择和探索，自我体验丰富而强烈。

一、青少年身心发展的重要内容

青少年的身心发展对于未来的人生各阶段有不容忽视的影响。青少年要学会独立思考，要认识和理解自我，确立正确的人生观和价值观。

1.青少年要学会独立思考。青少年要开始学习为自己的人生独立制定计划，在面对人生的抉择时可以积极主动地提出自己的意见。

2.青少年要确立正确的人生观和价值观。当前，价值观的多元化趋势明显，对青少年造成很大的冲击。青少年要树立起正确的人生观与价值观，成为对社会有益的人才。

二、青少年常见的心理发展偏差

青少年存在不同的常见心理发展偏差，作为养育者要正视这些问题的存在，帮助青少年顺利渡过成长的加速期，培养健全的人格与良好的适应能力。

1.自我中心主义。他们认为全世界都在注意着自己，并对权威充满了批判精神，不愿接受批评，并且很容易指出别人行为中的错误。

2.自我否定主义。有些青年过度自卑，不喜欢自己，不能容忍自己的缺点和不足，否定、指责、抱怨和苛求自身。

3. 虚荣心理。一种过度追求虚假的、表面的荣誉，以期获得他人尊重的心理。

4. 逆反心理，即青少年表现出过分独立的意向，喜欢独来独往，不听从他人意见，专门喜欢与社会惯常的要求作对。

第四节　中年期：人格的稳定成熟期

站在人生长河的角度，中年期的人更应当理解来时的路走得多么青涩懵懂，也会理解当下自己的优劣势，能看到未来成长的可能性。

一、中年期的社会心理任务

中年人首先面临的社会心理任务是繁衍感与停滞感，如何整合好繁衍感与停滞感是中年人格成熟的基础。

1. 繁衍感。人的繁衍感始于青年时期，最典型的方式就是生儿育女，在职场中建立自己的事业。到了中年期，人的繁衍感会扩大到自我以及家庭之外，具有成熟繁衍感的中年人会将自身奋斗与社会贡献结合起来。

2. 停滞感。人也会在中年期感受到停滞感。当人们感觉到人生目标已经达成，或是目标发展受限，就会出现停滞的感受，出现以自我满足为中心，关注自我舒适度，乃至自我放纵等倾向。

二、中年期的人格发展过程

在中年期，人们的身心发育均已成熟，人格特征变得稳定，此时的人格发展是一生中最长的阶段。

1. 价值观发展趋于稳定。中年人的智力水平也足以帮助其形成独立、理性的判断，思考自我的价值，并结合自身的实际情况与社会外部条件做出合理的选择。

2. 人格发展趋于成熟。中年人已经能够明确自己的志向与理想，做到确立大志、实现奋斗目标。此时的中年人开始追求事业上的成功、婚姻的稳定、子女的良好教养等。

第五节　老年期：生命的衰老期与厚重期

生命的每一天都不是白白度过的，随着岁月见长，人会变得更聪明、灵活、智慧，直到身体的机能开始逐渐衰退。在老年期的人要合理地接纳、理解此时自身展现出的各种状态。

一、正确认识老年期的生理心理变化

老年阶段，身体与心理会发生较大的变化，认识这些变化，是过好老年生活的前提。

1. 生理变化。随着年岁的增长，老年人会感到身体各个机能都在发生变化。同时，老年人记忆逐步衰退，人在 50 岁出现记忆衰退现象，70 岁是记忆衰退的关键期，此后呈现更加明显的记忆衰退现象。

2. 心理变化。在老年期，老年人常常会感到他们落伍了，思想和行为跟不上时代了，被评价为固执、死板、没有创造力。要认识到"智慧"与年龄之间无直接关系，在老年期要正视"完美"与"失望"之间的冲突，收获独有的自尊与幸福感。

二、关爱理解老年人的诸多不便

我国人口老龄化的速度比社会预想的快得多。关爱老年人，是社会发展的必然要求。

1. 老龄化。现阶段，我国已经进入人口老龄化社会，老年人已经不再是社会少数群体，全社会都应当理解并善待老年人。

2. 关爱老年人。全社会都应当理解和体谅老年人的身心变化，善待与关爱老年人。老年人可以通过家庭关系、朋友关系及享受退休生活等途径收获生命的意义与幸福感，更好地体现生活的意义。

三、老年人要学会自我关怀

从主观维度看，老年人需要学会自我关心、自我关怀，关注自身情绪，积极乐观生活。

1. 关注情绪。人体是一台神奇的机器，需要好好地维护保养，达到良好的运行目的。美国的心理治疗专家露易丝海在《治愈你的身体》一书中，就详细说明了每一种疾病都会受到生活中情绪的影响。种种科学研究表明，爱、快乐、悲伤、恐惧等情绪都会对身体产生特定的影响，例如愤怒使得肌肉收缩、血流受阻，而愉悦的心情能使人赶走低落的情绪。

2. 积极生活。老年人要意识到身心的一体化，相信"我可以快乐地生活""我可以收获平静""我可以把欢乐带到我的心脏"等信念，获得心理与身体的双重健康。

STILL RETAIN
CHILDLIKE
INNOCENCE

| 第三章 |

童心未泯的奥秘

    童心未泯的老年人年岁虽大，却仍存天真之心。在他们看来，天真之心从不因年龄的增长而有所削弱。他们以身养心，关照健康；直面"终点"，驱散恐慌；葆有好奇，热爱生活；精神成熟，天真不逝。他们活成自己喜欢的样子，活出自己该有的样子。

第一节　以身养心　关照健康

以身养心、以心护身是童心未泯的秘钥。具体来说，童心未泯的老年人能够做到运动与睡眠的动静结合，长期养护与短期调整的长短结合，自我独立与融入他者的结合。

一、动静结合

童心未泯，既需要老年人有动起来的活力期，不断强身健体，增强免疫力，也需要老年人有静下来的休整期，好好修身养性、以柔克刚。

1.保证充足的睡眠。睡眠是维持生命活动、保持精力充沛的重要环节。清代著名养生家曹庭栋在《老老恒言》中说到："少寐乃老年大患。"童心未泯，需要身体有眠。尊重自然天道，保持身体各项机能平稳有序运行，是对身体的最佳回馈。

2.适当运动。美国杜克大学有一项研究表明，老年人要想让大脑保持

年轻，让身体保持执行力，让智力退化得慢一点、再慢一点，可以坚持有氧运动，如跳广场舞、散步、打太极拳、游泳等。当然，运动需适当，以略有心跳加快、略有气急感为度。

二、长短结合

童心未泯，既需要老年人有长期养护的习惯，坚持不懈，增强免疫力，也需要老年人有针对短期突发状况适时调整的智慧。童心未泯的老年人往往注重平时，久久为功，灵活应对突如其来的问题与困难。

1. 有长期养护的习惯。童心未泯的老年人，往往既能长期养护自己的身体，按时吃一日三餐，保持运动习惯，每天给自己找一点事情做，及时发现生活的美，又能时刻注意呵护心灵，保持内心状态的长期稳定与淡然，做到重在平时，久久为功。

2. 针对短期突发状况适时做出调整。童心未泯的老年人不是要每时每刻都活力四射、斗志满满，而是要在面对突发状况时能够做到及时调整与自如应对。

三、自我独立与融入他者的结合

童心未泯，既需要老年人有自我独立的信心与勇气，了解自己，照顾自己，也需要老年人积极地融入他者，拓宽生活圈，丰富自己的老年生活。

1. 自我独立。童心未泯的老年人有照顾自己的信心与能力。他们掌握相关的老年疾病防治措施，会自己定期测量血压，检测血糖、尿糖等，有着较强的面对疾病时的自我护理能力，对自己的身体有着清晰的认识，时常和身体对话。

2. 融入社会。童心未泯的老年人不以自我为中心，他们将生活圈、交往圈不断向外延伸，乐于参与集体活动，更乐于与年轻人沟通、交流、玩耍，向年轻人学习新的生活方式、潮流话语、最新知识等。

第二节 直面"终点" 驱散恐慌

生命走向"终点"谁都无法避免，唯有勇敢面对。在这一过程中，难免会产生恐慌的心理。童心未泯的老年人敢于打破老化刻板印象，善于管理恐惧情绪，将恐惧转化为对生命的极致热爱。

一、敢于打破老化刻板印象

1. 活出自我。直面这一恐惧，除了需要直面恐惧本身，还需要直面社会各界对老年群体老化的评价。童心未泯的老年人敢于打破老化刻板印象，跳出老年等于老化的心理怪圈，这有利于活出自我，有利于缓解潜在的又时常会出现的心理暗示。

2. 自我赞美。在面临"老年人是弱势群体，老年人的时间与价值所剩不多，老年人观念陈旧、思想保守"的刻板印象时，童心未泯的老年人进行积极的自我赞美与自我肯定，在生命的"终点"这个避不开的事实面前，保持良好积极的心态。

二、善于管理恐惧情绪

在生命的"终点"这个避不开的事实面前，童心未泯的老年人并非没有恐惧，而是善于管理恐惧的情绪。

1. 坦然接受。童心未泯的老年人活得透彻、明白，接受这是客观存在的必然规律，将其作为一个人生问题进行思考，而且不刻意规避谈论。

2. 将一定意义上的恐惧视为正常情绪。人的求生本能以及对未知事物的担忧决定了这一恐惧是必然的，童心未泯的老年人认识这种情绪并和这种情绪做朋友，而非做敌人。

三、将害怕转化为对生命的极致热爱

在这一令所有人都畏惧的事情面前，童心未泯的老年人将其作为生

命的新的动力源，将害怕转化为对生命的极致热爱，不断创造生命新的可能。

1. 学会辩证思考面对。童心未泯的老年人在思考这个问题时更懂得转化，将其转化为生命里更为积极的可能和创造，而不会将自己局限在惧怕的单一思维里。

2. 采取行动充实生活。布置温馨的房间、烧一顿可口的饭菜、跳一次喜欢的广场舞……童心未泯的老年人在烟火气中感受生活简单而又富足的美好。

第三节　葆有好奇　热爱生活

研究好奇心理的美国心理学家托德·卡什丹曾说："体验好奇时，我们愿意离开熟悉的事物和常规惯例，敢于冒险。作为一个好奇的探险家，把生活看作是一个愉快的探索、学习和成长旅程，而不去拼命解释和控制世界。"

一、敢于走出舒适圈

三毛曾说，生命的过程，无论是阳春白雪，还是青菜豆腐，都得尝尝是什么滋味。多样的选择让生活充满无限可能。童心未泯的老年人勇于改变现状，喜欢尝试不同的事物，寻求一个又一个挑战的机遇，让生活充满惊喜与变化。

1. 敢于探索。冒险与探索是人的生存本能，然而，随着人们生活水平的不断提升，安逸的环境容易弱化人的探索欲望，将人的冒险意识暂时封存。童心未泯的老年人敢于挑战自我，通过登山、长途旅行、创造发明等方式来使生活变得意义非凡。

2. 敢于尝试新鲜事物。童心未泯的老年人不对人生设限。他们紧跟时代的发展变化，总是对新鲜的事物感到好奇，并有尝试新鲜事物的冲动，如熟练使用智能手机，积极了解网络热频词，善于研究新技能、新设备、新热点，乐于做新时代的老年达人。

二、不断培养兴趣爱好

兴趣爱好的培养与践行是老年人葆有童心与童趣的关键所在。

1. 兴趣爱好广泛。童心未泯的老年人本着"活到老、学到老"的原则，不断进行兴趣测试，积极扩充兴趣爱好的范围。

2. 专注力强。童心未泯的老年人更注重对每一项兴趣爱好的专注与执着，在跳广场舞时注意动作的充分延展，在钓鱼时磨炼自己的耐性，在练书法时讲究落笔遒劲有力。

三、拓宽交往圈

童心未泯的老年人尤为重视对社会关系的积极营造。他们在社会关系的扩容中增强自己与他人的关系黏结，拥有在有困难时可以倾诉、在有好消息时可以分享的朋友。

1. 以相同兴趣爱好为中心的兴趣圈。相同的兴趣爱好可以让老年人之间拥有共同的话题，进而增强彼此的默契，感受到与同伴共前进、共探索的动力。

2. 以社区为中心的社区交往圈。社区作为老年人生活的基本单位，可以为老年人提供温馨的港湾。

3. 更加注重与年轻人的交流。童心未泯的老年人喜欢从年轻人身上汲取"青春"与"活力"，喜欢向年轻人学习新鲜事物、了解日益更新的知识，让自己的生活更加年轻化、新颖化、时髦化。

第四节　精神成熟　天真不逝

周国平说："真正的成熟，应当是独特个性的形成，真实自我的发现，精神上的结果和丰收。"成熟是有故事而不世故，在饱经沧桑之后有所坚持、有所坚守，相信人性的单纯至美。

一、有故事而不世故

面对过往的人生，童心未泯的老年人知世故而不世故，有君子气概，让人温暖。

1. 阅历丰富。老年人走过大风大浪，看过人间冷暖，看过世事无常。老年人的故事里有跌宕起伏，有生离死别，有温情感动。童心未泯的老年人用一生演绎的故事版本虽都不同，但对人生故事的热爱与诠释却是大抵相同的。

2. 不世故。在人际交往方面，童心未泯的老年人不倚老卖老，知世故而不世故，以真诚、真心、真意与人交往，有很强的分寸感，且乐于向他人学习。

二、自我坚守

历经世事依然有所坚守、有所坚持，是老年人葆有童心、活出自我的关键。

1.精神独立。童心未泯的老年人能够独立思考人生问题，并对人生的抉择做出独立判断，善于与自我对话，了解自我的真实想法。

2.自信饱满。面对困难，童心未泯的老年人有"竹杖芒鞋轻胜马，谁怕？一蓑烟雨任平生"的底气。面对失落，他们有"但得夕阳无限好，何须惆怅近黄昏"的淡然。面对质疑，他们有"老骥伏枥，志在千里"的雄心。

三、既成熟又单纯

童心未泯的老年人既成熟稳重，又追逐纯粹简单的美好。

1.精神成熟。童心未泯的老年人在为了生活而忙碌时，会常常拂拭心灵的尘埃，关照内心的德性，思考人为什么而活着的生命价值。

2.心灵单纯。童心未泯的老年人有一颗单纯透明的心，而这种单纯绝非幼稚，它是在历经成熟后依然选择维护心灵纯粹的大智慧、大境界，是幼稚经历成熟后向单纯的复归。

STILL RETAIN
CHILDLIKE
INNOCENCE

| 第四章 |

童心未泯老年人的特点

　　童心是人类幸福最珍贵的名片。随着岁月流逝，我们慢慢老去，但是生理年龄的累加并不代表心理年龄的升级。在走向衰老的人生历程中，有些人却能永葆一颗童心，去拥抱生活、观察社会、看待人生，这是一种生命的幸运与豁达的可爱之举，是对生命最高的礼遇和对自信的认可。

第一节　单纯好奇之真

余杰在《香草山》中认为："单纯并非幼稚，也不是一张白纸般的无知，而是历经千帆也能坚持纯粹和追求。"性格单纯、充满好奇不仅仅是儿童的天性，老年人也可以生活简单且对世界充满好奇，安享晚年幸福生活。

一、单纯之真

作为人的性格，单纯通常被定义为简单纯洁，行为表现不成熟。如果用在对人生的思考上，单纯则是一种独特的气质，是一种简单的心境追求。丰子恺在其散文漫画精品集《活着本来单纯》中说："单纯是内心的修炼，心地质朴，纯粹专注，做好自己；单纯是高级的智慧，化繁为简，看淡得失，处处透着单纯美好的气息。"

社会阅历可以使一个人由单纯变得复杂，也可以使一个人由复杂变得单纯。但单纯并非幼稚，相反，人在到了老年以后，经历岁月淘洗和世事打磨，还能拥有一颗纯净的童心，则是一种豁达态度和超然智慧。性格单纯的人，他们的世界简单却很富足，他们的人生更长久、超脱、潇洒。

《道德经》云："复归于婴儿。"老子认为人只有回归到婴儿般的纯真状态，才能活得洒脱。丰子恺曾说："活着本来单纯。"在丰先生的眼中，单纯不是幼稚的天真，更不是思想简单、涉世未深，而是一种超越了世故，知道人世间种种矛盾、种种问题之后去达观地看待这个世界，然后游戏其间。巴金曾这样评价丰子恺："我的脑子里有一个'丰先生'的形象：一个与人无争、无所不爱的人，一颗纯洁无垢的孩子的心。"丰先生养育了三子四女，他每次忙完创作，就不亦乐乎地投身到孩童们的世界里，天真烂漫的儿童生活成为他源源不断的创作灵感和素材。

二、好奇之美

从心理学的视角看，好奇是个体遇到新奇事物或处在新的外界条件下所产生的一种注意、操作、提问的心理倾向。好奇是个体学习的内在动机之一，也是个体寻求知识的动力，是创造性人才的重要特征。

从一定程度上讲，保持好奇心就是保持对生活的热爱和热情，引领个体不断学习和探索。心理学家认为，老年人保持好奇之心，乐当"老顽童"，做到返璞归真，回归自然，保持心理上的轻松愉快，更能激发老年人的思维，让思维变得更活跃。科学研究表明，保持思维的活跃对预防老年痴呆非常有帮助。

拥有好奇心的老年人，生活中往往平易近人、和蔼可亲，喜欢与家人朋友沟通，更容易理解与接受年轻一辈的新观念、新思想。因此，人到老年后，要像儿童一样有点好奇心，学习新鲜事物，探索生活的快乐。

1.尝试接受新鲜事物。向年轻人学习如何使用数码产品，学年轻人玩微信、刷微博、自拍等，找到属于自己的快乐。

2."捡起"兴趣爱好。寻找属于自己的兴趣爱好，可以做些年轻时想做又没机会做的事，比如书法、园艺、运动等。兴趣会激发好奇心，引领你不断学习和探索。

第二节　自然率真之性

明人洪应明曾作一副对联：宠辱不惊，闲看庭前花开花落；去留无意，漫随天外云卷云舒。人生如此，应是至高境界。

一、自然之性

从人格意义上讲，自然是一种保持返璞归真、随性所适的心理状态。自然的心境，对老年人的心理健康非常重要。

自然是一种生活态度。对老年人来说，人生最理想的生活状态是顺其自然、随遇而安。人的生、老、病、死是自然，历经挫折、不断失去是自然，学会包容也是自然。老年人的内心要学会释怀、释然，始终保持自然的本色。

自然是一种人生境界，自然境界是一种积极健康的良好心态。人生得失本就自然，只有看淡得失，人生才能达到最佳状态。丰子恺曾说："只要是顺其自然的天性而动，都是美的姿态的所有者，都可以礼赞。"

如何保持自然的心境？

1. 学会调整心态。人生中的许多坎坷与不幸，有时是无法改变的，但心态可以改变。比如，衰老是自然规律，谁也无法逃脱，当衰老真正降临在自己身上时，就要调整好心态，坦然面对。

2. 从容面对得失。人的一生有得有失，面对得失，我们应该顺其自然。顺其自然是人生最好的选择，得之坦然，失之淡然，用顺其自然的心态看世界，看淡一切，过随遇而安的生活，做自己喜欢的事情，做简单快乐的自己，活在当下，享受人生的乐趣。

二、率真之情

率真，简单讲就是真实、不虚伪、不造作。从心理学的视角看，率真是表达最真实的自我，既要弘扬自己善良的一面，也要接纳潜意识中不足的一面，还要积极地融入社会。

率真是一种可贵的品质，是一种坦诚和真挚的个性表达。具有率真品格的人，敢于袒露自己内心真实的想法，不造作，不虚伪，是真性情的自然流露。曾国荃曾写过一副楹联：传家有道惟存厚，处世无奇但率真。意思是说传家的训诫是忠厚、厚道，为人处世没有什么奇方妙计，就是率直、真诚。

　　率真是一种精神境界。与人交往，需要发自内心，对人要真诚一些，与人谦和，与人友善，真诚待人，展现出人性之美。《论语·述而》云："君子坦荡荡，小人长戚戚。"人到老年，就应该心底坦荡，活出率真，活出自由，活出高贵。丰子恺说："一辈子率真，这一生才能过得洒脱自在。"

　　在生活中，若你用率真之心去交往，就会友谊长存；用率真之心去做事，就会事事顺心；用率真之心去生活，就会生活圆满。这就是率真之美。

　　1. 充满自信。生命的力量源于自信。自信不仅是成功的法宝，也是快乐的源泉。"自信人生二百年，会当击水三千里。"只要对自己有信心，努力尝试，充分发挥自己的聪明才智，就能学习新知识、新技能，把自己推上新的台阶。

　　2. 学会宽容。宽容不仅是一种境界，也是化解烦恼的良药。生活中，夫妻相伴、父子相处、朋友相交，要多一点宽厚与忍让，少一点尖刻与计较。人的一生不可能只进不退，"退一步海阔天空"，退出的是生活中的坑坑洼洼，进入的却是内心的宽广天地。

　　3. 学会放弃。学会放弃是人生真正的智慧。学会放弃，是一种人生哲学；敢于放弃，是一种生存魄力，更是一种良好心态。有所弃，才有所取；有所弃，才有所为；有所为，才有所不为。经验表明，在很多情况下，放弃比得到更重要。你要得到快乐，就必须学会放弃烦恼。我们放弃的只是身外之物，得到的却是健康快乐。

第三节　真诚友善之情

怀有一颗友善之心，真诚待人，是个人高尚的美德，也是公民重要的道德规范与社会和谐的基石。只有做到真诚友善，才能拉近人与人之间心灵交流的距离，实现社会的和谐稳定。

一、真诚之品

真诚，是指真心实意、坦诚相待，从内心感动他人从而获得他人的信任。真诚是人生最崇高的美德，是人们立身处世的根本。真诚具体表现为表里如一、言行一致、真心实意、诚实守信。

1.真诚是中华民族的传统美德。拥有真诚之心的人善于换位思考，不仅关注自己的情感体验，也会关心他人的感受。

2.真诚是心灵沟通的桥梁。人生中最推崇的真善美，首要的就是真，要真实诚恳。真诚是尊重别人，也是尊重自己。《荀子·不苟》讲："君子养心莫善于诚。"人与人之间的交往最可贵的东西就是真诚，如果我们在对待别人时都有一颗真诚之心，我们也会收获别人对待我们的真诚之心。

3.真诚是人际交往的前提。生活中，人们喜欢与实在、忠厚的人打交道，因为他们使人放松。普通人是这样，伟人也是如此。毛主席一生活得真实而洒脱，他早年就立志真实，不愿牺牲真我，不愿自己以自己做傀儡，这里的"真我"就是真诚。毛主席一生追求本色、真诚、实在的为人处世风格，他青年时代创办的新民学会，就要求加入学会的人在品行上必须"诚实不华"。

二、友善之德

友善是从善良的愿望出发，友好地对待他人，它是处理人际关系的基本准则。《荀子·荣辱》说："与人善言，暖于布帛；伤人以言，深于矛戟。"意思是说，赠人美好的言辞，比布帛还要温暖；出言伤人，比用长矛利戟刺人还要严重。从本质上讲，友善既是社会的道德规范，也是个人的优秀道德品质，既体现了社会对人的道德要求，也是经过个人道德修养形成的一种优秀品德。

1.友善是个人内在的道德品质。友善作为一种品德，它是把社会道德规范内化为道德意识和行为习惯，主要表现为在与他人的交往中以关爱友善的态度，尊重理解他人、宽容谦让他人。

2.友善是调节人际关系的润滑剂。友善是一种尊重、宽容、关爱他人的道德素养，是人与人和睦相处的桥梁。社会发展需要良好的社会秩序，而良好的社会秩序需要人与人之间和谐相处，需要人与人之间友好相待。

3.友善是维护社会和谐的稳定器。人们在生活中都希望处在一个美好、真诚、充满温情和友善的环境中，当人们都能以友善作为标准严格要求自己，人与人之间的交往就会更加紧密，各种矛盾与冲突就更容易迎刃而解，整个社会就会朝着更和谐、美好的方向发展。

STILL RETAIN
CHILDLIKE
INNOCENCE

| 第五章 |

童心未泯的方法和途径

夕阳无限好，只是近黄昏。当暮年来临，老年人如何安享晚年，答案就是永葆一颗童心，像儿童一样开开心心、快快乐乐地生活。俗话说：人生有限，童心无价。童心，是促使老年人不断完善自己的催化剂，是老年人生活追求的发动机，是延年益寿、人生"不老"的良方。

第一节　回归童真　放飞心灵

每一个人的心中，都或多或少保留着一份童真。童真是一种天然的状态，是未经世事打磨的本来性情，是自然的真实。丰子恺曾说："高级的成熟，是保持一份童真。"

一、童真是至上境界

《论语·为政》中说："一言以蔽之，曰'思无邪'。"保持童心是释放心理压力的良方，是家庭幸福的黏合剂。拥有童真，就会拥有无限可能。

1. 改善不良情绪。研究表明，老年人的童真，可以使生活无忧无虑，对人的精神有调剂作用，能够减轻大脑中枢神经工作的压力，减少焦虑不安的情绪，对人体的心脑血管系统和免疫系统也有一定的改进功效。

2. 增进家庭和睦。拥有童真的老人，在日常生活中和蔼可亲、平易近人，能与亲人朋友进行良好的沟通交流，能与家人和睦相处、相亲相爱。

二、童真之心常在

童真，是一种源于内心的力量。老年人以童真为伴，就会健康相随、青春不老、幸福永远。

1. 让心简单。简单是一种生活方式。智者总是习惯将复杂的生活过得简单。对老年人来说，生活应该简单，无需多求，越简单越快乐。简单也是一种人生境界，是随遇而安的人生态度，不以物喜，不以己悲。用简单的心境，对待复杂的人生，方能看淡得失、从容入世、潇洒自如，就像儿童那样天真烂漫、无忧无虑，内心时刻保持一份简单、一份纯真。心若简单，自会快乐。

2. 做到"四忘"。精神上的愉悦是最好的养生。老年人想要保持精神愉悦，需要做到"四忘"。一要忘记年龄。忘掉年龄是保持活力的秘方，虽然对于生理年龄我们无法抗拒，但我们可以改变心理年龄。二要忘记疾

病。很多患病老人往往被疾病困扰，如果总是专注于疾病，会使自身的免疫力下降，加重病症。正确的做法是积极治疗，泰然处之。三要忘记忧愁。多愁善感容易使疾病缠身，现代医学认为忧愁是抑郁症的发病根源。四要忘记名利。名利是人一生的追求，但也是身外之物，必须正确对待，尤其是老年人，只有淡泊名利、知足常乐，才能健康长寿。

3. 亲近自然。林语堂在《生活的艺术》中说："大自然本身永远是一个疗养院。"蒋勋曾在《品味四讲》中写道："大自然真的可以治疗我们的，可以让我们整个繁忙的心情放松，找回自己。"美国科学家在《心理学前沿》发表的一篇文章指出：大自然有 21 种可能改善健康的途径。这 21 种途径中已经确定的是：明媚的阳光和空气负氧离子，被证明可以缓解抑郁；在大自然中观赏美景，可以增强自身对心率和血压的控制；聆听大自然的声音，可以帮助人们从高压力中恢复过来。

第二节　寻找童趣　永葆天真

健康人生离不开乐趣。贾平凹曾说："人可以无知，但不可以无趣。"活得有趣，取悦自己，才是最和谐、最完美的状态，才是人生的最高境界。

一、童趣是健康之友

梁启超认为："趣味是生活的原动力，趣味丧掉，生活便成了无意义。"人生在世，总要有点业余爱好。

1. 充实晚年生活。童心不老，就能乐而忘忧。老年人经常和小朋友一起做做折纸手工等游戏，生活充满乐趣，就会充满朝气，晚年的生活就会更加充实。

2. 促进身心健康。南宋爱国诗人陆游享年85岁，他之所以得享高寿，除了养生有道之外，更重要的是他拥有童趣，"整书拂几当闲嬉，时取曾孙竹马骑"。陆游到了老年，经常和孙儿们一起玩骑竹马的游戏。美国积极心理学家芭芭拉·弗雷德里克森认为，成年人的童趣能促进积极情绪的体验并缓解负面情绪，有利于身心健康。

二、童趣之心常怀

林语堂在《论趣》中说："人生快事莫如趣。"幸福的晚年生活，应从培养兴趣爱好开始。

1. 培养兴趣。儿童的乐趣很多，也很容易满足。人到老年，要多培养书法、绘画、钓鱼等兴趣爱好。在这个过程中，不仅满足内心需求，使心灵有所寄托，而且可以陶冶情操、振奋精神。

2. 参加活动。爱玩是儿童的天性，但并不是儿童的"专利"，老年人若能"贪玩"且"善玩"，在玩耍中放松自己、找到快乐，对身心健康也十分有益。

第三节　常存童乐　培养爱好

西方一位哲学家说过，人有避苦趋乐的本性。快乐是一种心境，是情感上的愉悦；快乐是一种体验，是发自内心的感觉。人人都渴望快乐、追求快乐，老年人更需要快乐。老年人每一天的生活，都应从快乐开始。

一、快乐是幸福之源

快乐是老年人滋补养生的良品，是营造和谐的人际关系的基础。快乐对老年人的晚年生活大有益处。

1. 提升心理健康水平。乐观能增加老年人的主观幸福感。研究发现，快乐可以使人体内的神经系统、内分泌系统的自动调节机能处于最佳状态。快乐的人拥有较强的免疫力，能够保护个体减少疾病。甚至有研究表明，乐观者寿命更长。

2. 建立和谐人际关系。乐观者常常采用积极的方式评价他人和社会，待人宽容，善于欣赏、接纳和尊重他人，容易得到大家的喜欢和认可，有利于建立和谐的人际关系。

二、快乐之心常存

让自己快乐，是一种美德；让别人快乐，是一种功德。快乐无处不在，老年人的幸福生活，始于快乐的人生。

八乐养生诀

静坐之乐、读书之乐、赏花之乐、玩月之乐、观画之乐、听鸟之乐、狂歌之乐、高卧之乐

1. 创造快乐。快乐并非天生，需要自己去创造。老年人想要度过快乐的人生，首先要拥有快乐的思想。美国教育家卡耐基提出的培养快乐心理的七条规则，第一条就是"有了快乐的思想和行为，你就能感到快乐"，另外六条规则是：永远不要去试图报复我们的仇人，否则我们会深深地伤害自己；不要因为别人忘恩负义而不快乐，要认识到这不过是一件十分自然的事；算算你的得意事，而不要过多在意自己的烦恼；不要模仿他人，让我们找回自己，保持本色；当命运交给我们一个柠檬时，让我们试着做一杯柠檬水；对别人感兴趣而忘掉你自己，每一天做一件能为别人脸上带来快乐微笑的好事。

2. 知足常乐。人至夕阳当知足。知足常乐是一种生活态度，更是一种思想境界。老子说："祸莫大于不知足，咎莫大于欲得。"一个人快乐与否，不在于拥有多少，而在于是否知足。春有百花秋有月，夏有凉风冬有雪，若无闲事挂心头，便是人间好时节。欲望有度，不贪得无厌，才能得到恒久的满足，知足才能常乐。

3. 自得其乐。自得其乐是一种善待自我的方式，是老年人健康生活的最佳选择。懂得知足的人，眼之所见，皆是风景。清代养生家石成金提出了"八乐养生诀"，即：静坐之乐、读书之乐、赏花之乐、玩月之乐、观画之乐、听鸟之乐、狂歌之乐、高卧之乐。

4. 助人为乐。送人玫瑰，手留余香。在给予他人快乐的同时，自己也会不经意间得到快乐。美国心理学家约翰·福赛斯研究发现，当一个人表现出善意的举动，哪怕仅仅是给别人让让路，大脑就会释放出多巴胺，血液中复合胺的含量也会升高，而这两种物质都会使人感觉更好。研究表明，无私的行为能够增加人们的快乐。心理学家阿德勒发现：长寿者，95% 以上的人都有甘于奉献、乐于助人的精神。《中庸》名言"大德必得其寿"也证明了这一点。

第四节　结交童友　增添趣味

世界卫生组织把"人际关系和谐"作为心理健康的重要标准之一。心理学家马斯洛认为，人除了拥有基本的生理和安全需求，还需拥有社交的精神需求。良好的人际关系在老年人晚年生活中有着重要作用。

一、好友是无价之宝

美国杜克大学友谊与社会行为专家劳伦·布兰特说："对人类来说，朋友绝非可有可无的附属品。"朋友，是促进健康的"得力助手"。

1. 保持精神愉悦。科学家发现，老年人的社交关系，与身体健康和心理健康有着密切的联系。相对于运动，社交活动更有益于健康，适当地与人交往，不仅能使老年人心情愉快，还能帮助他们保持敏捷的思维，有效增强老人的免疫力，防止老年性疾病的发生，甚至延年益寿。

2. 积极融入社会。适度的社会交往，不仅有利于老年人在交往中与他人彼此心灵沟通，而且还有利于老年人在精神上、生活上和情感上的自我调节，使个体和群体相互协调，形成和谐、亲密的人际关系。

二、朋友之情常念

好朋友是一辈子的财富，是老年生活的幸福基石。人到老年，可以根据各自的兴趣、爱好、习惯选择交友对象，建设好自己的社交圈。

1. 维系好知交老友。老朋友之间，经历了岁月的打磨，已经成了生活中不可缺少的一部分。老朋友之间一起聊天、喝茶、下棋，既增进了友谊，又丰富了晚年生活。

2.适度结交"忘年交"朋友。从年轻人身上，老年人可以感受到朝气与活力，使自己感到愉快、乐观、轻松且充满希望。现代研究结果表明，"忘年交"有益于身心健康，是消除心理衰老、延年益寿的有效方法之一。

3.多交童友。童心无忧、童心无邪，人到老年，要多交几个属于自己的童心好友，这是保持童心的良方。老年人可以多与孙辈一起做游戏、猜谜语、背唐诗，可以保持年轻的心态，既能享受天伦之乐，也能减少孤独和寂寞，增添生活情趣。

STILL RETAIN
CHILDLIKE
INNOCENCE

| 第六章 |

心理健康与生活质量

人是注重精神体验的个体，对老年人群而言，获得完善感，避免失望，体验自我价值的实现是老人生活质量提高的不二法宝。

第一节　心理压力与社会适应

退休后，老年人会遭遇一些较常见的心理变化，要经历从心理压力到心理平衡的社会适应过程。

一、退休后较常见的心理变化

随着年龄的增长，老年人会出现生理上的退行性变化，加上退休后社会生活条件的改变，容易诱发一些较为常见的心理变化：知觉能力有所减退但未完全减退的现状，带来心理压力和心理挫折；个性有所变化但维持稳定多于变化的特点，带来心理冲突；易生孤独失落感但生活满意度总体较高的失衡体验，带来消极情绪情感；等等。

可见，老年期是一个在退行性变化的总趋势下仍保持诸多优势的时期，是衰老与获得性发展并行的时期。因此，关注老年人个体心理健康，可以更好地关心爱护老年人，服务于社会。

二、从心理压力到心理平衡

老年人比年轻人更能感受到自身知觉能力的减退，也更容易受到现实生活中大大小小事件的"刺激"，进而产生或大或小的心理压力，增加罹患各种躯体或心理疾病的风险，降低生活质量。应对心理压力就是要处理好一桩又一桩"刺激事件"，达到心理平衡的状态，进而适应日新月异的社会。

1.心理压力。家庭是社会的基本组成单位，随着三孩政策的进一步放开，中国的家庭模式也在发生转变。孩子出生后，大多交由家中老人照顾，虽然孩子给家庭带来了很多欢乐，但全家对于孩子的过度关注对老年人造成了较大的心理压力。老人不仅要花费很多时间和精力去照顾孩子，很多情况下还会因为教育理念和教育方式的不同导致家庭矛盾，引发老年人群的负面情绪，促发老年人的身心疾病。

2. 心理平衡。在这样的情境下，老年人和年轻人之间产生意见分歧实在难以避免，换言之，这样的"刺激事件"是不可消除的，因此，老人需要改变对此事的感觉和看法以消解自己内心的压力。老人要学会认可孩子的父母养育孩子的主导权，明白自己在教育孩子方面主要起辅助作用。新时代呼唤新

的教育方式，老年人要顺势而为，有所为，有所不为，达到心理平衡，适应社会变化。

第二节　心理挫折与个人成长

每个人都难免会遭遇不同程度的心理挫折。对老年人而言，高新科技发展日新月异，挑战巨大，很容易引发他们的心理挫折感。那么，老人们该如何接纳并适应这些新变化，促进个人成长呢？

一、心理挫折

老人遭受心理挫折有很多方面，下面我们仅以信息化社会和智能手机所带来的心理挫折为例。

1. 信息化社会与心理挫折。信息化社会给人们带来了前所未有的快节奏，老年人和年轻人共处一个社会时空，与"新事物"相遇，既是老年人融入社会、获得新知的机遇，也是老年人迎难而上、拥抱未知的挑战。然而，高昂的上网费用，让老年人望而却步，心理上严重受挫。

2.智能手机与心理挫折。智能手机是当前这个时代最具标志性的造物之一，它的出现深刻改变了人们的生活方式，年轻人依赖手机进行通讯、娱乐、购物、导航，甚至用来打发时间。智能技术带给人们便利的同时，却也因为难以逾越的"数字鸿沟"和难以承受的流量费用使大量老年人被拒之门外，从而遭受心理挫折。

二、个人成长

1.接纳无现金支付。从有形的纸币转变到无形的电子货币，让很多老年人摸不着头脑，但导致这部分老年人拒绝接受这种支付方式的原因绝非仅仅是他们不懂得如何使用，更多是出于对"未知"新事物的排斥，由此产生疏离感。有意思的是，这些事实又是老年人所自知的。因此，我们可以判定，"智能技术"这一"刺激事件"是可知、可控、可消除的，越来越多的老年人开始接纳无现金支付的新手段便是不争的事实。

2.扩大微信"朋友圈"。要想跨越这道"数字鸿沟"，不仅离不开年轻一代的帮助，更需要老年人自身的大胆尝试。事实上，有不少老人就是在年轻子女的引导下，经过大胆尝试，终于学会了使用智能手机，尤其是用微信发送语音、图片和视频的功能，一下子就为他们扩大了"朋友圈"，缩短了与亲朋好友之间的时空距离，获得了大量信息，打开了新世界，从而非常有力地促进了老人的个人成长。

第三节　心理冲突与人生发展

心理冲突与人生发展存在非常重要的联系。心理冲突主要表现在社会责任急速减少、生活目标逐渐模糊、自我否定时有发生、社交圈子显著缩小。心理冲突的消解过程便是人生成长的过程，帮助老人"从心所欲不逾矩"。

一、心理冲突

主观自我与客观自我的失衡，个性有所变化但维持稳定多于变化的特点，容易给老人带来心理冲突。对于老年人而言，退休无疑是重大"刺激事件"，会引发老年群体不同程度的应激反应。退休是个体被动社会化的人生阶段，不可避免地会带来一些失落感，会改变原有的生活方式和生活节奏，因而容易产生消极的情感体验。常见的表现形式有以下几种：

1.社会责任急速减少。有的老年人退休后，觉得失去了工作，失去了权力，生活中没有了迎来送往的热闹，觉得不能再在职权的舞台上"操作表演"，心里便会产生萧条冷落之感，如果不能及时调整心态，便会进一步产生失落、沮丧的情绪。

2.生活目标逐渐模糊。有的老年人退休后，失去努力方向，生活平淡，此时很容易产生烦躁不安、寂寞难耐的情绪，如果不能设定新的生活目标，就会出现精神空虚的感觉。

3.自我否定时有发生。有的老年人退休后，认为自己没有用处了，感觉自己被社会边缘化，产生自卑心理，自我实现和被尊重的心理需求便无法被满足，从而引起负面情绪。

4.社交圈子明显缩小。有的老年人退休后，同事之间来往减少，因工作建立的朋友关系也逐渐疏远，平时接触的人多为家人、邻居等，交际圈变窄，处理的事情也多为生活中的琐事，无法完全满足归属的心理需求，从而产生空虚、寂寞、焦虑等负面情绪。

人世有代谢 往来无古今

二、人生发展

心理冲突的消解过程便是人生发展的过程，帮助老人"从心所欲不逾矩"。不论是社会责任急速减少、生活目标逐渐模糊、自我否定时有发生，还是社交圈子明显缩小，都与客观现实的改变息息相关，由此带来了短暂而强烈的心理冲突，

用平常心做好"角色退场"，不管是"丢权"，还是"变老"，都是人生的必然规律。唐代诗人孟浩然有诗云："人世有代谢，往来成古今。"一位退休老人说得好："草随风动，权随职走，退休离职，天经地义，有什么好懊恼失意的。"

第四节　培养积极情绪与调适消极情绪

生活中，老年人要尤其注重培养积极情绪，促进身心健康，同时又要注意克服消极情绪，调适消极情绪。

一、培养积极情绪

老年人拥有丰富的社会生活经验，面对困境时，可以发挥自己的智慧理性应对，从而培养积极的情绪。老年朋友可以参考或领会社会上流行的促进老年身心健康的"一二三四五原则"来进行情绪培养。具体内容如下：

一个中心：以身心健康为中心。

二个要点：潇洒一点，糊涂一点。

三个忘记：忘记年龄，忘记疾病，忘记恩怨。

四老：有个老伴，留点老本，有个老窝，有一些老友。

五要：要掉，要跳，要笑，要俏，要聊（唠）。

这些方式既可以减轻自己的心理压力，也不会给别人带来烦恼，从而使身心更加健康。

二、消极情绪的主要来源：身体疾病与行动不便

有研究表明，退休后有约三成的老人不适应角色的转换，出现孤独感、紧张焦虑感等负面情绪。身体疾病与行动不便是老年群体消极情绪的主要来源之一，严重影响老年人的生活质量。

1.高血压等病症。我国有近七成的老年人患有高血压等慢性疾病，一半以上老年人同时患有两种以上疾病。这些疾病给老人带来身体上的痛苦和心理上的负担。

2.行动迟缓与不便。行动不便的老年人需要依靠他人到医院诊治，这样的生活压力也会加重其心理负担，诱发消极情绪。

3.语言表达能力减弱。由于老年人感觉器官的功能逐渐衰退，给沟通交流带来极大不便，使得对方在沟通交流过程中很容易产生不耐烦的心理，这更容易加重老年人的自卑心理。

除此之外，还有逐渐接近生命的"终点"所带来的焦虑。这一焦虑是生活中的一种正常的情绪表现，每个个体都会有这种情感经历，这是个体在面对这一无法避免的课题时的思考和忧虑的直观体现。有研究表明，随着年龄的增加，老年人的这一焦虑与恐惧的负面情绪也会随之增加。

三、调适消极情绪

调适消极情绪，可以尝试以下三点：

1.学会泰然处之。凡事应以宽容的态度对待，做到"宠辱不惊，闲看庭前花开花落；去留无意，漫随天外云卷云舒"。用现在的流行语来说，

就是凡事"躺平"。年轻人"躺平"也许会被认为是不思进取，但老年朋友适度"躺平"，却有利于身心健康。

2.学会培养兴趣。生活就是这样，当你有所爱好的时候，内心就会有所寄托，会在闲暇的生活里找到自己的精神家园。沉浸在其中，你会收获更多生活的美好。

3.学会找人聊天。保持愉快的心情，最重要的一点就是学会倾诉。快乐要分享，苦闷和悲伤更是要宣泄出来。通俗点说，你要找一个"出口"，把内心的负面情绪都发泄出来，才能腾出更多的空间去接收愉悦有趣的信息。

STILL RETAIN
CHILDLIKE
INNOCENCE

| 第七章 |

社会环境与人的心理

　　人总是生活在一定的社会环境中，社会环境影响人，进而影响人的心理。具体来说，社会情境影响心理感受，社会变革引发心理变迁，社会交往缓解心理封闭，社会保障助推心理稳定。

第一节　社会情境影响心理感受

日常生活情境与媒介情境作为现实情境与虚拟情境的典型代表，在很大程度上影响着老年人的心理感受。

一、日常生活圈情境

日常生活圈对于亟需便利服务的老年人而言尤为重要，日常生活圈中，老年人与他人的真实交往互动是影响老年人生活感受的重要情境。

1. 社区的生活情境。随着年龄的增长以及子女在外工作时长的增多，老年人对于内心归属感的需求越来越多。养老功能完善、服务品质优良的社区可以让老年人感受到家一般的温暖。

2. 偶发情境。由于身体机能的弱化，老年人容易出现各类突发状况，如在公园、菜市场等公共场所突然出现头晕、四肢无力等症状，若能得到路人的及时救助，对老年人的心理安慰作用极大。

二、媒介情境

与现实情境相比，网络的虚拟性、加速性、风险性加剧了媒介情境的复杂性，也加剧了老年人心理状态变化的幅度。

1. 老年人受骗脆弱性。不法分子往往抓住老年人积极关注健康、渴望交往的心理，利用老年人对互联网反诈骗知识掌握较少的特点，对老年人步步设套、层层引诱，危害老年人的生命财产安全，在一定程度上容易导致老

年人受骗上当。

2. 老年人沉迷短视频。许多短视频切合老年人的口味与风格，精准把握老年人的视频需求，为老年人进行针对性强的定制输出。这在为老年人的生活带来欢乐之余，也容易使得老年人失去对现实生活和网络生活平衡度的把握。

3. 网络舆论对老年人的污名化。扶老人被讹、公交车不让座被老人骂等事件的热搜，让老年人一时成为众矢之的，这种以偏概全地对老年人进行的污名化攻击，也给老年人带来沉重的思想负担。

第二节　社会变革引发心理变迁

"互联网＋"思维一方面加快了社会变革的节奏，提升了社会变革的效率，另一方面也使得部分老年人产生跟不上时代发展的节奏、不适应数字生活的方式、与年轻人存在巨大的"数字鸿沟"等焦虑情绪。

一、"互联网＋"思维革新理念

"互联网＋"思维作为对传统思维方式的创新，加快了社会变革的节奏，提升了社会变革的效率。

1. 技术支持促进老年人与子女的远程交流。在技术加码的智能时代，老年人可以通过微信等软件与子女进行视频、语音等互动交流，缓解了距离带来的思念感与孤独感。子女也可以通过多重技术手段来实现与父母的有效交流。

2. "银发网红"传递老当益壮的价值理念。时尚奶奶团的出圈打破了社会各界对老年人顽固保守的传统刻板印象，

打造了无惧岁月、自在生活的价值观。"奶奶们的气质有多绝"这一热搜更是让人们认识到老年人的时尚不只停留在穿搭上，更体现在老年人历经岁月磨炼的成熟与豁达上。

二、加速变革下的焦虑隐忧

社会变革引发人们的生活方式、交往方式、消费方式等的变革，它在给人们带来焕然一新的生活面貌的同时，也使得部分老年人产生跟不上时代发展的节奏、不适应数字生活的方式、与年轻人存在巨大的"数字鸿沟"等焦虑情绪。

1. 对数字生活的不适应。"就像是走在沙漠里，四周昏黄一片。该往哪里走，会发生什么，你全然不知。你怕吗？"这是退休老人李桂芝对女儿形容自己面对智能手机的感觉，也是如今很多老人们对智能设备、智能软件、数字技能的焦虑与恐慌。老年人在现实生活中的从容自信与在数字生活中的迷茫困顿形成鲜明对比。

2. 老年人的内卷。社会的加速变革也使得人们为了竞争有限的资源、获得更为出彩的机会而过度内卷，老年人也毫不例外。养花养草、太极拳、广场舞、吉他、钢琴、书法……各种老年兴趣班纷至沓来，"你全能，我比你更全能""你活力满满，我比你更活力满满""你时髦，我比你更时髦"，潜在的攀比与较量让部分老年人身心俱疲。

3. 快节奏与慢生活的冲撞。面对社会发展的加速度，老年人常常有"不是我不明白，是世界变化快"的焦虑感。毋庸置疑，老年人对"放慢节奏、崇尚自然"这一慢生活理念的欣赏与践行在快节奏的社会中受到较大影响，"时间慌""技术慌""生活慌"成为快节奏与慢生活冲撞的负面产物。

第三节　社会交往缓解心理封闭

老年人面临着退休、"空巢"、随子女异地搬迁、配偶去世等生活事件或人生状态的重大改变，如果不能很好地适应这些变化，就容易产生自我封闭的心态。社会交往是为人处世的必然需要，它通过拉近老年人与他人的情感联系，帮助老年人打开心扉，感受温暖美好的老年生活。

一、社会交往圈的扁平化

随着社会心态的开放与包容，交往不再局限于特定的范围与特定的群体，交往圈变得越来越扁平化。这种交往圈的扁平化使得老年人在与同辈群体加强密切联系的同时，有更多的机会与中年人、青少年对话、交流及沟通。

1. 与同辈群体的横向交往。就横向交往而言，同辈群体是老年人的重要生活群体，他们在思想观念、价值理念、兴趣爱好层面较为一致，对于很多困难都可以更好地共情，彼此扶持、共同克服老年生活的紧张感、孤独感与焦虑感。

2. 与其他年龄段的纵向交往。就纵向交往而言，不同年龄段的人对于人生有着不同的感悟，对于如何更好地生活有着不同的体验与理解。老年人与其他年龄段的纵向交往可以达到互通信息、拓宽视野、丰富生活的理想目的。

二、社会交往类型与方式的多元化

交往类型与交往方式的多元化让老年人的社会交往有更多的选择，而这种多样的选择可以使老年人的心理封闭问题得到多方面、多维度的解决。

1. 相似型交往和互补型交往。以三观接近、兴趣合拍等为代表的相似型交往可

以让交往双方有惺惺相惜、互相珍视的感觉。如书法爱好者在一起，能切磋和提高书法能力；广场舞爱好者在一起，能更好地研究广场舞的跳法；旅游团友在一起，可以一起游遍祖国的大江南北。

2. 直接交往与间接交往。老年人在面对面的直接交往过程中可以实现大脑的同步运转，给交往双方带来心理的安定感，减少因间接交流造成的信息误读。在网络交往过程中，老年人可以不受空间的过多限制，扩大自己的交际圈，有效缓解现实生活中的压力。

第四节　社会保障助推心理稳定

每个人都会经历从年轻到年老的阶段，都会受到公平合理的保障。它以老有所依、老有所医、老有所乐为目的，以多种保障政策缓解老年人因年龄老化、容貌老去、能力缺失而产生的无助感，是维护社会和谐稳定、维护社会公平正义的必然要求，也是社会友善、敬老爱老、"老吾老以及人之老"的体现。

一、社会保险与社会救济

普遍的社会保险与针对性的社会救济相结合，使得老年人在享受到普遍的社会保险政策时，又可以得到有针对性的社会照顾。

1. 养老保险与医疗保险。随着年龄的增长及身体的老化，养老与医疗越来越成为老年人的重大关切。2021 年 4 月，人社部、财政部印发《关于2021 年调整退休人员基本养老金的通知》，总体调整水平为 2020 年退休人员月人均基本养老金的 4.5%。结合老年人的患病状况，各地将一些治疗周期长、医疗费用高的慢性病门诊医疗费用，以及家庭病床医疗服务项目等纳入基本支付范围，加强老年人医疗费用保障。这对保障老年人的基本生活、减轻养老负担具有重要意义。

2. 社会救济。面对失能、残疾、高龄、空巢等困难的老年群体，社会救济本着扶危济困的原则，通过提供生活用品代购、门诊预约、上门医疗、教育培训、精神援助等服务，满足他们的基本生活需求。

二、突发事件应急响应状态下对老年人的服务保障

突发事件与社会常态相对，具有偶然性、风险性与变动性，尤其会给身体弱化、行动不便、心理脆弱的老年人带来较大冲击。因此，做好突发事件应急响应状态下对老年人的服务保障工作尤为重要。

1. 拒绝对老年人的社会歧视。为进一步推动解决老年人在运用智能技术方面遇到的困难，让老年人更好地共享信息化发展成果，2020 年，国务院办公厅印发《关于切实解决老年人运用智能技术困难实施方案的通知》，加大对拒收现金、拒绝银行卡支付、健康码一刀切等歧视行为的整改整治力度。

2. 反对一刀切，注重线上线下的结合。在紧急避险、紧急转移时，除了依靠网络新媒体工具发送安全预警外，还要针对老年人的特殊情况，考虑老年人的特殊需要，通过播放广播、投放字幕、现场设立引导人员等方式，为老年人提供风险提醒及紧急避难场所提示等服务。

STILL RETAIN
CHILDLIKE
INNOCENCE

|第八章|

家庭环境与心理重塑

　　家庭资源是心理安全最基础的保障，正确的健康观、教育观与消费观有利于带动老年人塑造一种积极向上的良好心态。

第一节　家庭资源与心理安全

家庭资源主要分为家庭物质资源与家庭精神资源。家庭资源是心理安全最基础的保障。换言之，心理安全首先来源于客观实在的资源保障。

一、物质财富影响心理安全

家庭的物质基础、养老金的个人储存额、家庭房屋的布局等是心理安全的物质保障，为老年生活提供好的物质环境。

1. 家庭的物质基础。养老需要一定的物质支撑。物质基础好的家庭，可以给老年人提供健全的一站式的养老服务、购买更好的养老产品、选择更优质的养老院，以实现更好的医养结合。

2. 养老金的个人储存额。养老金的个人储存额对于老年生活的保障尤为重要，它是老年人维持老年生活的自信与底气，也是老年人更好地筹划老年生活的重要参考与依据，是维护心理安全最可靠的保障。

3. 家庭房屋的布局。布局明亮、温馨、宽敞、干净，容易使人产生明快乐观的心情；布局阴暗、冷冰冰、杂乱、狭小，容易使人产生压抑、闭塞、抑郁的心情。

二、精神财富影响心理安全

一个人的精神财富是经营积极乐观的生活、活出自己价值的重要前提。

1. 家庭的文化氛围。家庭的文化氛围可以从家庭成员的精神需求、家庭成员的品行等角度来理解。就精神需求而言，爱读书、爱思考、爱交流的家庭氛围可以让老年人感受到精神的富足。就品行而言，家庭成员的品行操守容易相互影响，愿意帮助他人、强调社会服务，使老年人积极地为文明社会贡献自己的力量。

2. 家庭成员的整体心态。家庭是人生活的基本单位，家庭成员的心态是相互影响的。当大多数家庭成员积极乐观时，老年人也容易被乐观的心态与氛围影响和带动。当大多数家庭成员消极悲观时，老年人也容易陷入悲观的情绪当中。

第二节　家庭理念与心理特性

家庭理念是所有家庭成员对于健康、教育、消费等的理念的集中表现。正确的健康观、教育观与消费观有利于带动老年人塑造一种积极向上的良好心态，错误的健康管理、教育观与消费观则容易引发老年人消极低沉的心态。

一、健康理念

健康不仅仅是有一个没有疾病和衰弱的身体，更是指身体、心理、社会的完全健康状态。全面的科学健康观是保持乐观生活的首要前提。

1. 对生活日常的健康关注。家庭成员对于健康的日常重视直接影响老年人对健康的关注。家庭内的安全、营养、运动、闲暇等要素对每位成员都尤为重要。家庭成员如若保持良好的健康习惯，则有利于引导老年人更好地关注平时。

2. 心态平和。健康家庭必然重视每个家庭成员的心态，能够引导老年人树立"日出东海落西山，愁也一天，喜也一天；遇事不钻牛角尖，人也舒坦，心也舒坦；每月领取养老钱，多也喜欢，少也喜欢"的良好心态。

3. 对社会适应能力的重视。社会适应能力是人的交往能力的缩影，一个开放的家庭重视与社会、他者的沟通与交往，也必然为缓解老年人的心理问题提供钥匙。

二、教育理念

教育理念作为家庭理念的重要组成部分，对于每一个家庭成员都有着不容忽视的意义。终身教育理念使得老年人能够更好地增强学习动力，葆有积极心态。老年人发挥自身作用，积极传承家风，在隔代教育的过程中贡献自己的力量，有利于更好地实现人生价值。

1. 终身教育的理念。家庭成员对于终身教育的理念直接关乎老年人对"活到老、学到老"的价值认识，更好地提升老年群体的生命质量。

2. 年轻人与老人对于隔代教育的理念。当前，很多年轻父母的工作非常繁忙，没有办法每天照看孩子，需要老人帮忙照顾。而当子女与父母的育儿理念出现矛盾或冲突时，父母往往容易受到子女否定式的"吐槽"。老年人的隔代教育信心受到打击，进而使得老年人对自我价值产生质疑。

三、消费理念

对于人的生存与发展来说，消费的需要必不可少。消费理念如何影响老年人的心理特性，如何树立正确的消费理念，以更好地将生活过成乐观、安定、美好的样子，是需要思考的重点。

1. 消费意愿。在传统印象里，中国老年人崇尚节俭、量入为出、精打细算，一分钱掰成两半花，习惯于储蓄。然而，随着年轻人消费理念时髦化、个性化带来的冲击，老年人的消费理念也逐渐呈现消费意愿提高、消费多元化的特点，对于满足美好生活的多元需要具有强有力的带动作用。

2. 适度消费。如果一个家庭对于消费有着清晰的规划和理性的观念，那么整个家庭生活就更容易朝着稳定健康的节奏发展。与之相反，如果一个家庭盲目过度消费，便容易导致家庭生活的焦虑与动荡。

第三节　家庭关系与心理和谐

夫妻关系、子女关系作为家庭关系的主要呈现形式，是老年人心理和谐的重要影响因子。以爱为基础，以尊重与责任为依托的家庭关系助推每一位家庭成员的心理和谐。

一、夫妻关系

老伴之间的关系是影响老年人心理和谐的直接因素。爱是双方的，老年夫妻之间的和谐建立在互敬互爱、互谅互让的基础上。

1. 互敬互爱。老伴之间相敬如宾，既尊重对方的人格，又尊重对方的志趣与性格，不颐指气使，时时记得对方的好，感恩对方的陪伴与帮助，能够让老年生活过得有滋有味、有情有爱。

2. 互谅互让。一方生气时，另一方谦让、冷静，一方出现错误时，另一方不是抓住不放，可以给对方带来更大的愉悦感，让整个家庭生活变得越来越美好。

二、子女与父母关系

子女与父母的关系直接影响老年人的生活状态，足够的陪伴与优质的交流是最高级的孝顺。

1. 陪伴。时光充盈了我们的人生，同时也催促着父母的老去。子女的陪伴是老年人的重要精神支柱。看着子女一路成长，越走越远，父母在感到高兴的同时也难免有失落感与孤独感。为了给予父母更多的关切，维护父母的心理安全，子女需要常回家看看，停下脚步看下父母的穿着、走路的步伐，让父母感受到子女的用心。

2. 交流。随着信息技术的不断发展，子女与父母交流的方式、工具等也变得越来越广泛、多样，子女可以通过教给父母使用微信等方式，每天和父母视频、聊天。

三、邻里关系

邻里关系是家庭与家庭之间的关系。邻里和睦、互帮互助，有利于为家庭营造最好的外部环境。

1. 团结友爱。邻里之间的团结友爱可以将小爱逐渐提升为大爱，让每一方在这种和谐友善的邻里关系中实现更好的发展。

2. 邻里联谊。为了更好地缓解由熟人社会向陌生人社会转型带来的种种不适，时常性的邻里团建可以加强彼此的黏性交往。

第四节　家庭仪式与心理治疗

仪式感的意义不在于为每个家庭成员制造与众不同的新鲜感，而在于家庭成员从融入家人爱与心思的小事中汲取治疗和抚慰人心的力量。

一、家庭生活需要仪式

有仪式感的生活，就是把旧日子过成新日子，把无数个平凡的日子赋予不平凡的意义。不管你处于哪个年龄段，家是最容易找到仪式感的场所，也是最需要仪式感的场所。

1. 生日仪式。子女们难得聚在一起，为老年人庆祝有意义的生日，是老年人每每回忆生日的骄傲。花了心思的仪式总会带来加倍的快乐。给老人写一封长信，写一张感谢卡片，唱一首生日歌，送一个真心的生日礼物，留下特定的生日印痕……会让老年人感受到子女的用心。

2. 阅读仪式。设置阅读角落，家庭成员定期进行阅读并就阅读后的感想进行分享。而老年人作为纸质书籍的经常阅读者，可以更好地融入年轻人群体。当然，睡前看书也是阅读的重要环节，劳累了一天，一张床，一本书，一个故事，就是最能抚慰人心的精神食粮。

3. 开会仪式。每月开一次所有家庭成员都参加的家庭会议，和大家分享这个月的见闻与感悟、好的事情与糟糕的事情。多沟通，多了解子

女的烦心事，多了解老年人的忧虑，在简单的分享与交流中完成了对亲情的呵护。

二、仪式在心理治疗中的作用

在快节奏、碎片化、竞争激烈的现代社会里，当传统生活所带来的安逸感渐渐消逝时，营造特定的家庭仪式，也是修复身心的心理治疗手段之一。

1.情感调节。在家庭生活中，家庭通过建立特殊意义、加强联系的仪式，将各位家庭成员紧密联系起来，构建家庭意义共同体，为每一位家庭成员提供放松心灵的时机与场合。

2.身心放松。家庭仪式可以营造一种放松的氛围，让老年人紧绷的神经得以放松，感受当下美好的瞬间，体悟当下美好的生活。

STILL RETAIN
CHILDLIKE
INNOCENCE

| 第九章 |

兴趣爱好与心理影响

　　每个人都有兴趣爱好，只是因人而异、程度不同而已，老人也不例外。在退休后，老人在追求自己的兴趣爱好方面更有时间上的优势。例如，老人对唱歌、跳舞情有独钟，就会努力学习，掌握节拍和相关律动；对摄影、棋牌、书画、手工制作等有兴趣，就会不知不觉沉浸其中，废寝忘食。

第一节　老年人兴趣爱好的特点

兴趣是人们在探究某种事物或从事某种活动时所表现出的心理倾向。在个体产生了解或探索新环境的需要时，兴趣便会应运而生。兴趣往往会成为一个人非常重要的行为动机，会持续推动一个人去认识外界的事物、探求世界的真理。老人对感兴趣的事物会表现出强烈的认同感和积极性，抛却烦恼，继而获得一种正向的情绪体验。当兴趣指向某种活动时叫爱好，如对体育、绘画、书法活动的爱好等。兴趣和爱好是和人的积极的情绪体验联系在一起的。当人们兴趣盎然地进行某种活动、获得某种认识时，他们常常体验到快慰和满意等积极情绪。兴趣爱好主要具有如下相应的社会性特征。

一、延续性

老年人的兴趣爱好活动具有持续时间长的特点。例如，更多的老年人会选择棋牌类活动作为自己的兴趣爱好。下棋、打牌等休闲娱乐活动持续时间较长，较长时间的棋牌对局会给老年人提供"精力集中"的机会和体验，在这种体验下，老年人可以排除各种杂念，消除心理疲劳，把生活中的烦恼抛到九霄云外，令其心情舒畅。因此，如果你想体验这种感受，可以选择持续时间较长的活动作为兴趣爱好。当然，也要注意分寸，不能造成疲劳。

二、交际性

老年人的兴趣爱好活动具有人际交往的作用。例如，棋牌类活动经常是很多人一起玩的，因此选择脾气秉性好的伙伴是十分有必要的，这样大家可以边玩边聊、谈笑风生，交流自己近期的人生感悟，谈谈街坊邻里的奇闻趣事。老年人在选择兴趣爱好进行活动的时候，同时也是和他人进行交流沟通的过程，要尽可能做到有利于社会和谐与人际团结。

三、适应性

老年人的兴趣爱好更为灵活，能够实现日常生活劳逸结合的效果。例如，棋牌类活动应该讲究科学健康，如果长时间坐着也是很辛苦的事。老年人可以选择比较轻松的有氧活动，比如湖边漫步、做广播体操、打太极拳、

舞剑等。下棋玩牌时，要注意勤饮水，最好再喝点绿茶，消渴解烦、清热去火。另外，还应该约束自己，不赌、不贪、不任性、不"抬杠"、不较真，不能沉迷。

四、舒适性

老年人兴趣爱好活动的开展对活动场地有一定的要求。如，下棋的时间一般短不了，每盘棋少则 10 分钟，多则几个小时，所以地点与环境很重要，选择的场地应该是安静、开阔、阴凉、通风、安全，不宜在吵闹处、烈日下、阴暗潮湿处、寒风中、不安全的地点进行。下棋玩牌主要是为了获得生活上的愉悦感，也是为了修身养性，所以应该有充分的心理准备。把别人讽刺挖苦的话视为耳旁风，对于输赢有一个正确的态度，这样才可以在内心中获得一定的舒适度。

第二节　兴趣爱好使人年轻

"莫道桑榆晚，为霞尚满天"。生命的衰老谁也无法抗拒和逃脱，但精神的年轻却可以保持和延续。老年期是人生的重要阶段，是仍然可以有作为、有进步、有快乐的人生时期。兴趣爱好可以带给老年人直接的快乐，快乐是健康的伴随者。

一、琴棋书画悦身心

琴棋书画被古人称为四大雅趣，体现了修身养性的文化境界，可以涵养情性、愉悦身心。弹琴，动静结合，身心双修，能让人精神专一、杂念皆消；下棋，两军对垒，思维较量，能使人神凝气平、心旷神怡；书画，"艺术气功"，笔端生慧，能让人心随手动、境由心生。琴棋书画，选择其一二，则终身受益无穷。

二、诗歌茶戏葆童心

俗话说："老有少年心，疾病去七分。"诗歌茶戏四项娱乐活动有助于让老年人保持童心、乐而忘忧。诗歌吟诵是心神与口腔相协调的运动，反映人的身心机能，陶冶人的德行情操；唱歌是一项有节奏的"体内按摩运动"，也是一项脑力劳动，悠扬的歌声配以曼妙的舞蹈是一种美的享受，让人陶醉；品茶朴素、恬淡、清雅，老年人抽得浮生半日闲，品一杯茶，好像到了心灵驿站，使人气血调和、心情愉悦；有好茶，更要有好戏，叫上三五好友品味戏曲之精妙，哼上几句，或飘逸，或清脆，让老年人的心情愉悦、延年益寿。

三、公益实践守初心

"劳动是人生的目的，而不是单纯的谋生手段"。奋斗了大半辈子的老年人，退休之后卸掉了肩上的全部担子，是一种减负与释放。积极参与社会活动和公益活动的老人能够发挥余热，回归社会生活，从而增强自尊心，提高自我认同感。比如，可以去博物馆、展览馆、文化馆等场所开展志愿

服务活动，向青少年讲解革命精神和传统文化等，既能传授知识、发挥余热，又能健脑强心、充实自己。从"劳动者"向"志愿者"角色的转变，克服了退休老人容易产生的空虚和失落感，也延续了老人的社会价值。

第三节　兴趣爱好如何培养

"但得夕阳无限好，何须惆怅近黄昏"。老年人兴趣爱好的培养遵循快乐原则，也就是要按照思维想象之乐、与世无争之乐、好为人师之乐等多元快乐的原则进行。

一、思维想象之乐

思维之花因学习而绚烂，活到老、学到老是人类至高无上的追求。虽然人到老年，仍然要勤于学习、勤于用脑，要眼观六路、耳听八方。实践证明，经常思考与想象的老人有更充盈的精神世界，身心更为健康、更为持久。"吾生也有涯，而知也无涯"，博览群书，遨游于学海之中，执着于求知之中，其乐无穷也。

二、与世无争之乐

老年人退休离岗，视清静无为、宁静致远为无上境界。只要老年人远离名利场，就能过上清心寡欲、贫富安然、不骄不躁、自由自在的美好日子。只要有条件，就可以体验在岗时难得之快乐，想去哪里就去哪里，细品天地之精华，静看云卷与云舒，活力常在，其乐亦无穷也。

三、好为人师之乐

老年人有着宝贵的人生阅历，很多事情自然就轻车驾熟了，尤其是看到眼前的年轻人正经历着自己的"人生第一次"（恰是老年人强项）时，不少老人便会好为人师，"热心肠"一把，毫无保留地传授经验和技艺，这些经验和技艺很可能是书本上学不到的。因此，好为人师之乐，何乐而不为呢？这恰恰体现了自我价值和社会价值的完美结合。

第四节　兴趣爱好与情绪调节

兴趣爱好是天然的情绪调节器。兴趣爱好对老年人来说，既是追求又是"放下"，追求的是新的生活规划，放下的是旧的生活习惯。从某种意义上来说，在兴趣爱好调节情绪的过程中，兴趣爱好能够让老人懂得放下执念、消极、疑心，懂得追求美好的生活。

一、放下执念

累与不累，快乐与悲伤，取决于自己的心。心灵的房间，不打扫就会布满尘埃。扫地除尘，能够使黯然的心变得亮堂；把事情理清楚，才能告别烦乱；把一些无谓的痛苦扔掉，快乐就有了更大的空间。"一念放下，万般自在"，老年人不妨借鉴这个道理，放下执念，去调节自己的情绪。

二、放下消极

心宽，天地就宽。消极的老人回顾自己的前半生，会觉得从事的是机械性、重复性比较高的工作，没能在时间的跨度上获得精神上的成长，更多的是累积了沧海桑田和多愁善感。放下这些消极的包袱，老人就能看到全新的自我，就会明白天地人合一的最高境界，明白"活着本身就是幸福"的人生道理。

三、放下疑心

出门的时候总怀疑门没锁好，路上行走的时候总怀疑背后有人指指点点，买菜的时候总怀疑商家使了坏心思，这一幕幕闹剧总是在多疑的老年人身上上演，结果往往是两败俱伤、彼此心累。老年人的猜疑与多虑一方面是来自生活阅历的积累，另一方面也是缺乏情感交流的后果。因此，需要老年人去扩大自己的生活圈子，多与子女交心，多与挚友交谈，如遇误会立即沟通，不要埋藏在心里导致生出祸根，最好的处理方式就是修身养性、放下疑心、拥抱幸福。

　　总之，老年并不是生命的终点，而是经过风雨的洗礼与岁月的积淀，去绽放人生精彩的最美时刻。所以，老年人要从内心升腾起对人与自然生命共同体的敬畏与热爱，激发出对生活的兴趣与爱好，把老年生活当作人生修行的一段旅途，作为人格升华的一种历程，发自内心地迎接一个个日出和日落。

生活习惯与心理基础

心理的实质是人脑的功能，大脑有规律性的生理活动是人心理活动的物质基础。有规律地活动，如太阳之东升西落，如气候之春夏秋冬，能使大脑保持最佳的工作状态，而所谓规律地活动就是要规律地生活。因此，老年人要保证心理活动的健康发展，提高生活品质；要使自己的生活规律化，养成良好的生活习惯。

第一节　生活习惯与健康长寿

世界卫生组织的研究表明，影响个人健康水平与寿命的因素，生活方式占六成，环境和生物学因素占三成，而医疗卫生条件仅占一成。进入 21 世纪以来，随着我国经济实力的增强，人们的物质生活水平显著提升，却也不自觉地染上了"现代生活方式病"，表现为：精神紧张、运动减少、不健康饮食、长时间上网……这些不良生活方式将作用于人体，使之产生糖尿病、心脑血管疾病甚至是某些癌症，严重威胁老年人的身心健康。

一、按时作息，延年益寿

《周易》言："动静有常，刚柔断矣。""刚柔相推，变在其中焉。"按时作息，取古人之法即为"动静有常""刚柔相推"。首先，要做到动有时、静有时、动静交替亦有时，只动不静会穷竭，只静不动易淤堵。其次，刚易折，柔不立，要在刚柔相推中协调日常活动。要根据自己的身体状况选择动静结合、刚柔相济的作息。

作息是一种无形的心理节奏，形成于生活实践。老年人多年如一日的生活实践形成的生活习惯，很难在退休、离休后得到延续。该休息的时候吃饭，该吃饭的时候去看书，就会造成人体生理功能和心理功能的紊乱。久而久之，就会出现各种症状，如食欲不振、血压升高、失眠、健忘、思想不易集中、昏昏欲睡、缺乏想象力、情绪烦躁、思维混乱等。因此，养成规律的作息习惯显得尤为重要。

二、平和生活，追求幸福

人进入老年后，心理会随之发生变化。老年人要以一颗平常心面对生活，始终保持平和的情绪，这样才能延年益寿、颐养天年。《黄帝内经》言："恬淡虚无，真气从之，精神内守，病安从来？"这实际上也是治疗当代人心灵疾病的一个良方：不要有过高的企求和过度的情绪波动，每天精神

饱满，疾病就生不起来。

要接受慢慢变老的现实，看轻名誉、财富、权力、地位，挣再多的钱，能享受的不过是一日三餐。人到老年，人生大事多已了却，忙碌一生，尽情享受快乐、追求愉快幸福才是人生最后阶段最重要的事。

要扮演好老年人的角色，享受儿孙满堂的天伦之乐，放宽心、不干涉、不唠叨，既不要总以颐指气使的口吻教育子女，也不要以过分谦卑的反话刺激子女。

第二节　良好的生活习惯如何养成

良好的生活习惯该如何养成呢？可以从以下最常见的几个方面做起：

一、按时就餐，主动喝水

养成良好的饮食等生活习惯，对老年人的身体健康是非常重要的。

1. 按时就餐。有些老人不按时就餐，经常把"不饿"挂在嘴边，那是因为随着年龄增长和器官老化，老年人的唾液、胃液、肠液的分泌量减少，消化食物的能力下降，饥饿感随之减弱。但由于食物在胃内仅停留4—5个小时，当人体感到饥饿时胃里的食物早已排空，如果长时间处于空腹状态，胃黏膜会被胃液"自我消化"，容易诱发胃炎或消化性溃疡。所以，千万不要等到饿了再吃。

2. 主动喝水。有些老人饮水不规律，往往等到口渴了才喝水，不懂得"渴了"是体内缺水的反应。有研究表明，有经常喝水习惯的人，便秘、结石的患病率明显低于不常饮水的人。在饮食习惯上要遵循"主动原则"，不要等到渴了再喝。

二、坚持适量的体育运动

生命在于运动。适量的体育运动，能够促进老年人的身心健康，延年益寿。

1. 体育锻炼贵在坚持。选择体育锻炼的项目必须要符合自身实际情况，而且要坚持不懈。老年人的运动项目以散步、慢跑、打太极拳（剑）、跳健身操以及跳舞等为宜。其中，最佳的当属散步和慢跑，统称为"有氧运动"，是以增强人体吸入氧气、输送氧气及使用氧气能力为目的的耐久性运动。老年人的运动量可以按照心跳计算，"心跳次数＝170－年龄"，达到这个数值范围，对身体是有益的。

2. 适量运动使人愉悦。保持脑力和体力协调的适量运动，是缓解疲劳、保持健康的重要条件。老年人适当参加一些休闲娱乐活动，不但可以愉悦身心，还可以借此交友、扩大社交面、丰富生活、找到生活的乐趣。其实，运动是一种动静结合的体验，每天可进行1—2次静

坐冥思，每次 30 分钟左右，使自己完全放松，排除一切杂念，大脑会分泌出一种"快乐物质"——脑啡肽，对于降血压、缓解神经性头痛、减轻思想压力、解除疲劳都大有裨益。

第三节　不良的生活习惯如何改变

"思维改变行动，行动改变习惯"。改变习惯是一项既要改变认知，又要投入情感，还要保持意志的系统工程。而改变不良习惯更需要我们付出更大的努力。

一、一分为二的思维方法

退休是人生的一个重要分水岭，如果老年人不能坦然面对职位权力、经济收入、家庭关系等情况的巨大变动，不能及时调整心态，便会有很强的失落感和挫败感。

任何事都没有绝对，我们提倡"一分为二"的思维方法，积极拥抱改变，看到不熟识的事物不要过早下结论，既要看到曾经的一面，也要看到当前的一面，远离偏见、回归常识。

同时，要有良好的自我认知能力，对自己的作用和价值要有正确的认识，知道自己的长处和不足，能容纳自己。

二、换位思考的处世原则

遇事先三思，经常换位思考，这样就能比较好地为人处世。

人在退休后因为没有了工作压力，往往会有如释重负的感觉，原来紧张的同事关系弱化了，金钱、权力、地位的因素少了，兴趣爱好的因素多了，信任度高了，重新建立起来的朋友关系也得到了净化。

但也不是说老年人之间没有了利益关系就能自然而然地和平共处了。要知道，对老年人而言，毕生的生活阅历塑造了他们各具特色的处世风格，当遇到纠纷时，只有"换位思考"，站在对方的立场去理解对方，才能获得更加宝贵的新友谊。

第四节　生活习惯与心理调适

良好的生活习惯有助于老年人的心理调适。老年人可以尝试改变生活重心，积极提升幽默技巧。

一、尝试改变生活重心

1. 调整生活节奏。许多老人在退休后难以割舍"较高的社会地位和广泛的社会联系"，一时难以习惯"一地鸡毛"的家庭琐事占据全部精力的尴尬局面。这就需要他们重新调整自己的生活节奏，改变原有的生活重心，重新找到生活快乐的源头。

2. 重塑良好心态。改变生活重心是相当不容易的，这就需要老人通过自我分析、自我管控和参加适当的劳动来实现，要有意识地克服一些心理缺陷，修复和重塑自己良好的心态，提升和健全自己的人格。

身心康宁　笑口常开

二、积极提升幽默技巧

幽默不仅是自身心理卫生的润滑剂，也是打开他人心扉、驱散心头阴霾的春风。它可以丰富自己的知识，可以化解许多烦恼、痛苦、悲哀、冲突、尴尬等令人不快的事情，让人难以生出怒气；它也能带给别人快乐，使不良情绪得到调节。幽默为痛苦者送去欢乐，是延年益寿、永葆青春的良方。

一个城市增加一个马戏团的"小丑"，比建一座医院对人们的健康更有好处。这句话的道理，就在于"小丑"表演滑稽，说话诙谐、幽默，常使人忍俊不禁、捧腹大笑。用心理学观点来看，笑能消除内疚、抑郁、紧张的情绪，使肌肉松弛、头脑清醒。俗话说得好："笑口常开，身心康宁。"

三、保持家庭关系和谐

和谐的家庭关系，能使老年人心情愉悦、精神舒畅，对老年人的家庭生活是大有益处的。

1. 老年人的宽容大度。老年人要心胸豁达，不因琐事增添烦恼；家务事应放手让年轻人去管，少干预；对于一些非原则性的琐事，有争执时要宽大为怀、忍让为先。老人是宝，有精力的话，要适当发挥余热为子女分忧，但不要操之过急、过多、过烦，也就是说，做人做事都要有分寸感。

2. "亲友团"的关心爱护。亲友和子女应该要尊重老年人，与他们和谐相处，细心照顾他们的起居生活，对他们要有爱心、孝心、感恩心。首先，必须要正确认识到老年人的性格变化是每个人都无法逃避的自然规律，他们在心理上敏感一些、情绪上激动一些都是正常的，是应该得到谅解的。其次，要主动去观察、研究老人的性格特征，巧妙引导、缓解、化解矛盾，不要强硬地搞情绪化对抗，多肯定、多理解老人，让他们过得舒心、放心、安心、开心，以便更好地适应老年生活。

STILL RETAIN
CHILDLIKE
INNOCENCE

|第十一章|

数字社会和美好生活

　　当前，人口老龄化进程和数字化改革浪潮这两个历史节点不期而遇。推动数字化更好地造福社会、造福人民的美好愿景，正成为惠及方方面面、人人日常体验的生动写照。老年人分享数字化改革的"红利"正在变为现实。数字社会让老年人的生活变得越来越美好。

第一节　科技社会发展　助力老人健康

随着科技的发展和社会的进步，人们的生活水平不断提高，人们对美好生活的向往也在不断发生改变。科技发展持续为老年人赋能，让老年人有机会、有能力适应和参与社会进步，享受到科技创新带来的福利成果。

一、科技创新驱动，护佑老人安康

"老有所依、老有所养"是每个人都期盼的美好愿景。2019 年中共中央、国务院印发的《国家积极应对人口老龄化中长期规划》，专门要求强化应对人口老龄化的科技创新能力，尤其是数字技术创新等给予支持。数字科技创新，正在助力智慧养老。

1. 远程操作安排老人日常。数字化技术提升了智慧养老服务和产品的友好性与便利度。目前，远程操作已经成为很多适老化国产手机的标配。智能手机远程协助模式可以实现子女远距离操控父母的手机界面，帮助父母完成打开健康码、线上医院挂号、在线支付等事项。

2. 智能终端提供应急服务。移动终端适老化技术实现紧急联系人设置功能，在老人遇到紧急情况下，通过点击屏幕或实体按键等方式，可以拨打紧急联系人电话。

3. 软硬件协同助力养老安全。人工智能、物联网等技术通过软件、硬件等多种方式，为老人安全给予帮助。这些技术和应

用可以在紧急求助、饮食管理、用药提醒、水电监控、煤气监测、睡眠呼吸监测、安防报警等方面助力养老安全。

4. 智慧养老助力自我健康管理。现代信息技术和生物医药技术的融合发展，使"每个人都是自己健康的第一责任人"理念得到全面支撑。健康状态辨识、健康风险评估、健康主动促进等技术全面助力老年人健康自主管理。

现代数字科技的发展，不仅改变了人的生产方式、生活方式，也极大地改变了人的思维方式，数字革命所带来的全新概念影响老年人认识事物的方式，使其增强自信心和与社会交往的能力，从根本上影响对自身幸福感的判断。同时，网络文化等也给老年人的精神生活带来了新的内涵。

二、缩小数字鸿沟，共享数字红利

数字时代，我们的生活因数字技术和智能设备的助力开启了加速度，但很多老年人却处于"被边缘化"的境地。针对这种现实，社会各界应携起手来，帮助老年人跨越数字鸿沟，共享数字红利。

1. 强化科技以人为本的价值理念。任何科技都必须以造福人类为根本目的。数字化技术在老龄领域的应用必须立足于为老年人赋能，把增强老年人的安全性、独立性、自主性和社会性放在首位，着力满足老年人全方位、多层次的需求。

2. 推动互联网应用适老化建设。互联网平台应减少老年人触网、用网障碍；网页设计应尽可能降低展示速度；适老版界面严禁出现广告内容及插件；老年人 App 设计尽量以语音信息、点击和滑动手势为主；等等。

3. 多措并举提升老年人数字能力。社会各界齐心协力实施智慧助老专项行动：社区、街道等部门通过开办上网学习班、"手机课堂"等形式提供"扶老上网"公共服务；志愿者提供一对一等方式教授老年人学习电脑、智能手机等新技能志愿服务；子女等晚辈提供手把手教授老年人网上挂号、网上约车、网上购物等帮扶服务。

第二节　善于学习进步　紧跟时代步伐

古人云：学无止境。学习不仅是个人获取知识、技能的行为，还关系到全民思想道德和科学文化素质的提高。老年人只有树立终身学习的理念，不断充实自己，拓宽知识视野，才能跟上时代步伐。

一、树立终身学习理念，拓展生命广度

徐特立诗曰："世有老少年，也有少年老。不落时代后，年老才可宝。"老年是人生的重要阶段，是仍然可以有作为、有进步的人生时期。老年人仍然需要学习，做到活到老、学到老，通过学习拓展生命的广度，让学习成为一种习惯。

1. 调节心理健康。根据拉马克的"用进废退"理论，经常读书的老年人不仅增长了知识、开拓了视野、找到了精神寄托，还可以化解烦恼，增强人的思维能力，预防老年痴呆症，延缓衰老。

2. 适应社会发展。根据社会化理论，社会化的实现需要通过个体不断学习技能，最终才能良好地适应社会。尤其是在今天，社会生活日新月异，知识更新迭代越来越快，如果老年人不学习，就无法与社会接轨，就会慢慢"掉队"。

二、学习数字网络技术，增加社会参与

数字时代，老年人应是数字社会的重要参与者和体验者。为了让老年群体更好、更快地融入数字社会，社会各界应形成服务共识，凝聚社会合力，帮助老年人健康、安全地享受数字化带来的便利。

1. 政府主导。政府要为老年人，特别是农村老年人扫清"数字生活"障碍，提供互联网接入机会，激发他们对新技术的需求。网络监管部门应进一步完善管理制度，营造风清气正的信息环境与隐私安全的互联网文化。

2. 社会参与。社会各界应加大对老年人的科普教育和培训力度，全面开展针对老年人的信息化和数字化"扫盲"。社区定期开展各类新媒体使用的兴趣课堂、技能培训等；公益组织建立常态化的志愿服务

体系，方便老年人寻求志愿者帮助；互联网平台积极开发适老化新媒体产品，满足老年人的特殊需求。

3. 家庭帮扶。家庭成员可以手把手教老年人使用一些生活常用软件，消除"触网"障碍，帮助他们享受更加方便的智能生活服务。

4. 自身"拥抱"。老年人应树立"老有所学"意识，提高应对数字化生活的信心，破除对新科技的恐惧，积极学习智能技术的相关操作，同时要注意提升网络信息安全意识，保护好自己的隐私和财产，避开"坑老陷阱"。

第三节　提高防范意识　学会自我保护

当前，针对老年人群体的诈骗活动越来越多，消费诈骗、非法融资等骗局屡见不鲜，诈骗手段层出不穷。由于老年人防范意识薄弱，受骗事件时有发生。

一、树立科学养老观念，提高防范意识

近年来，不法分子主要抓住老年人反应迟缓、防范能力弱、信息来源相对滞后等特点，通过开办"健康讲座"、宣传"高收益回报"等手段实施诈骗。为避免陷入欺诈陷阱，老年人应提高防范意识。

1. 树立科学的健康观。老年人要正确认识衰老，树立积极的保健意识，

通过科学、权威的渠道获取健康知识和技能，慎重选用保健品和家用医疗器械。强化自我保健意识，学习自我监护知识，掌握自我健康管理技能。

2.树立正确的理财观。老年人在投资理财时，应坚持"不轻信、不透露、不转账、及时报警"等原则，不贪图高收益；进行大额投资时，要和家人商量沟通；注意甄别熟人介绍的理财产品，避免掉进"熟人陷阱"；警惕以"免费"等为噱头的推销陷阱，不要轻信来历不明的讲座和推销活动。

二、提高识骗防骗能力，提升风险意识

针对层出不穷的网络诈骗，如何引导老年人安全上网、规避网络风险，需要政府、社会以及每个家庭的共同努力。

1.政府管理部门加强互联网监管。政府应加强互联网信息的监管，降低老年人遭遇网络风险的概率，让互联网惠及老年人群体。

2.媒体加大上网安全的科普与引导。网络谣言是老年网民群体遭遇占比最高的上网风险。媒体要加强权威信息的发布、科普和辟谣的力度，同时媒体应积极创新、供给有关老年群体感兴趣且健康向上的内容产品。

3.子女帮助父母提升抗风险素养。年轻一代应自觉担负起父母上网安全知识的普及任务，帮父母安装国家反诈中心 App 等辅助防范手段，帮助父母适应数字生活，防止陷入网络陷阱。

4.老年人主动提高安全用网意识。老年人可通过子女帮扶、网络学习等渠道，学习防诈骗的相关知识，预防各类风险的产生。在上网过程中，遇到谈及财产和个人隐私的话题时要提高警惕。遭遇网络诈骗等风险时，及时向家人、朋友、警察等求助和维权。

STILL RETAIN
CHILDLIKE
INNOCENCE

| 第十二章 |

中国古代名人童心未泯经典故事

  我们知道，没有人能抗拒老去，随着时间的流逝，青丝染成白发，皱纹慢慢成为老友，生命的年轮一圈圈增加，这是世间所有人都无法逆转的共同命运。每个人的人生都是由一张白纸开始的，经过漫长又短暂的描画，最终都会交上一份独具个性、专属自己的答卷。如果有一颗未泯的童心，是否能让我们的生命不一样呢？让我们把目光投向远古的年代，看看几百年、几千年前的古人们，是怎样用未泯的童心为自己的人生抹上独特的色彩，让后人回味品读的。这一章，我们选取的是可以被称为圣贤的古人，透过他们的人生，让我们品鉴他们生命里那颗未泯的童心，让我们一览这未泯的童心与他们的人生碰撞出的璀璨火花。

第一节　回归婴儿的人生境界——老子

老子生平　老子，姓李名耳，字聃，春秋末期人，大约在周灵王元年（前571）出生于陈国苦县（今河南省鹿邑县），中国古代思想家、哲学家、文学家和史学家，道家学派创始人和主要代表人物，与庄子并称"老庄"，后被道教尊为始祖，称"太上老君"，曾被列为世界百位历史名人之一。老子曾管理周王朝的图书，以博学而闻名。老子的传世作品《道德经》（又称《老子》），是全球出版发行量最大的著作之一。

生于春秋时期的老子，距我们已有2500余年。相传老子长寿，大约于周元王五年（前471）死于秦国，享年101岁。纵观其一生，可以提炼出高寿、高"职称"、高名望等关键词，一部传世著作占据全球发行榜首，孔圣人也曾向他问礼，他是妥妥的人生赢家。

老子在《道德经》里用短短5000字道尽了丰厚的人生哲理。千百年来，上至帝王将相，下至草莽布衣，无不从这部人类文明史上的智慧宝典中汲取治国安民、修身养性、立身处世的精髓。我们通常了解的"道生一，一生二，二生三，三生万物""上善若水，水善利万物而不争，处众人之所恶，故几于道""以其不争，故天下莫能与之争""千里之行，始于足下"等都是《道德经》中的名句。

《道德经》第二十八章里的那句名言"知其雄，守其雌，为天下溪。为天下溪，常德不离，复归于婴儿"，却让我们从另一个视角看出老子内心的追求。这句话的意思是：深知什么是雄强，却安守雌柔的地位，甘愿做天下的溪涧；甘愿作天下的溪涧，永恒的德性就不会离失，回复到婴儿般单纯的状态。

老子认为，婴儿具有无知无欲、柔静空无、混沌淳朴等天性，还未有机会获得尘世的"物役"，本身就是天然的"道"之状态。老子认为人的一生，其实是一个自我消耗的过程，在所谓的成长中，我们消耗了灵气，消耗了纯真、纯净、纯善，最终将自己"成长"为一个成熟的人，一个所

〔明〕张路《老子骑牛图》

谓圆润，实则庸俗的人。所以，老子说"让我们回归到婴儿那种状态，保持那份至纯的信念"。只有这样，人才能真正地开始成长，才能获得生命的至真和至纯。

另外，我们在理解这句话时还需要注意，"复归于婴儿"这种状态并非世俗观念所认为的在智力上回复到婴儿的懵懂无知状态，它实质上是老子的一种哲学理想，是老子希望人类能归本溯源、涤除物欲，让内心得到净化，让人类能如婴儿一样重获心灵解放，重回自然、自由、自在。

《道德经》里还说："众人熙熙，如享太牢，如登春台。我独泊兮其未兆，如婴儿之未孩。"意思是世人都很兴高采烈，我却像婴儿一样淡泊安静。人要回到婴儿状态，也就是回到至真、柔弱、淳朴的本性。在这个烦躁喧嚣的尘世，老子希望每个人都能复归于婴儿，守住人生最初的静。

还有一个传说，讲的是老子骑着青牛出函谷关升仙而去。虽然是传说，却让人在脑海中浮现出那幅画面，一个超然世外、童心未泯的圣人，从容地坐在敦厚的青牛之上，两耳垂肩，一步一步，稳稳地走向清静超脱的人生境界。

第二节　万古不朽赤子情怀——苏轼

苏轼生平　苏轼（1037—1101），字子瞻，号"东坡居士"，故世人称其为"苏东坡"，眉州（今四川眉山）人，祖籍河北栾城。苏轼为"唐宋八大家"之一，北宋著名文学家、书画家、词人、诗人，也是美食家，历史上的治水名人，豪放派词人代表。其诗、词、赋、散文均成就极高，且擅长书法和绘画，是中国文学艺术史上罕见的全才，也是中国数千年历史中公认的文学艺术造诣最杰出的大家之一。其散文与欧阳修并称，诗与黄庭坚并称，词与辛弃疾并称，书法与黄庭坚、米芾、蔡京（一说蔡襄）并列，其词开创豪放一派，其画则开创了湖州画派。

相较老子之高寿，苏轼只在世64年，可是他给后人留下了丰厚的文化遗产。林语堂曾说："苏轼已死，他的名字只是一个记忆，但是他留给我们的，是他那心灵的喜悦、思想的快乐，这才是万古不朽的。"

纵观苏轼的一生，可以说是全才、大家、跨界高手。他一生飘零却从容以对，人生跌宕却笑傲江湖，短短64年，却活出了几辈子的人生，真正做到了"生活以痛吻我，我却报之以歌"。

他20岁中进士，可谓少年得志；中年以后，从北到南，接连被贬，直到被贬至遥远的海南岛。而这跌宕起伏、四海飘零的一生，却被苏轼过得有模有样、有滋有味。在苏轼丰富的人生故事里，我们不难发现，童心、童趣在他的人生字典里是不可或缺的元素。他曾自诩"诗不求工字不奇，天真烂漫是吾师"，其本意是创作诗词要去除雕饰、崇尚自然。而这种美学思想渗透进他的人生，则呈现出天性的真和心灵的自由。

元丰三年（1080），苏轼因"乌台诗案"被贬为黄州团练副使。黄州远离汴京，苏轼带着一家老小在黄州落脚，与过去优渥的生活绝缘，从云端入泥淖，心理落差之大，外人无法想象。

因为生活拮据，他不得不开垦荒地，自给自足。在黄州城东缓坡上的一块营防废地里，他顶着太阳耕田、插秧、灌溉。但是，他并没有被生活打败，而是接受现实，成了一位合格且快乐的农夫。看到麦苗出土，他会欢喜得像个孩子；看到稻穗饱满，他会得意满足。他甚至把陶渊明的《归去来兮辞》改编成一首歌，一边调皮地敲着牛角，一边教给同耕的农人唱："归去来，谁不遣君归？觉从前皆非今是！"

从此世间少了一个忧国忧民的苏学士，多了一个天真自由的苏东坡。

他把邻居请他吃的点心命名为"为甚酥"，把请他喝的酒命名为"错着水"。黄州的猪肉很便宜，他发明了后来闻名天下的"东坡肉"，还写下了大名鼎鼎的《猪肉赋》。他在坡地的对面还盖了几间房子，盖成之日，大雪纷飞，房子便有了一个好听的名字：雪堂。

人之最大的不自由，是心灵的不自由。能够不役于物，不役于名利，不役于人言，活得像孩子一样简单，便是心灵通往自由的通行证，在这里，苏轼通关了，成了"苏东坡"。

天真总是和无邪相连，苏轼不相信世界上有坏人，只有是否值得交往之人。他曾说："吾上可陪玉皇大帝，下可以陪卑田院乞儿。眼前见天下无一个不好人。"对于他的政敌，他不记恨，更不会打击报复。

昔日好友章惇曾数次打击苏轼，可当章惇被贬，他的儿子写信给苏轼请求谅解时，他在回信中说："某与丞相定交四十余年，虽中间出处稍异，交情固无增损也。"章惇以为苏轼会借机报复，哪知他根本不挂怀。

因为怀抱赤子之心，他永远宽恕。

人生缘何不天真，只因未读苏东坡。

第三节　莫道桑榆晚　为霞尚满天——刘禹锡

刘禹锡生平　刘禹锡（772—842），字梦得，祖籍洛阳，唐朝文学家、哲学家，曾任监察御史，唐代中晚期著名诗人，有"诗豪"之称。刘禹锡诗文俱佳，涉猎题材广泛，与柳宗元并称"刘柳"，与韦应物、白居易合称"三杰"，并与白居易合称"刘白"。

对于刘禹锡，我们是不陌生的，从小就诵读他撰写的《乌衣巷》《望洞庭》《陋室铭》等。被誉为"诗豪"的他文风豪迈、处事豁达。和苏轼一样，刘禹锡也是一生屡次被贬，但始终不改真性情，为后人留下无数佳作。刘禹锡的童心，就体现在屡次被贬仍能泰然处之、从容应对之中，体现在真情真性的表达之中。在面对"夕阳无限好，只是近黄昏"的晚年，仍能处于"莫道桑榆晚　为霞尚满天"的境界。

说起刘禹锡，就不能不提及他的那些好朋友们。比如和他并称"刘柳"的柳宗元。

在古代，被贬是士大夫们人生中的重大挫折，可谓人生之大不幸。不同的是，有人因此郁郁寡欢，有人则因此练就了旷达的情怀。柳宗元和刘禹锡就是这两方面的典型代表。

贞元九年（793），刘禹锡与柳宗元同年进士及第，从此相识而成莫逆之交。

柳宗元是一个执着的人，他的性格刚直不阿，固执而不知变通，在被贬之后仍然想回朝廷做官，字里行间总是忧心忡忡。以他的诗歌散文为例，《小石潭记》写他沉浸在石潭的美景中只那么一会儿，便"以其境过清，乃记之而去"；《江雪》的山水处处有柳宗元无法排遣的忧愤，"千山鸟飞绝，万径人踪灭。孤舟蓑笠翁，独钓寒江雪"，让人感受到他的孤独，他的心灰意冷。

所以有人说，正是由于柳宗元从根本上做不到超然解脱，才一步步导致他的过早夭亡，终年只有 47 岁。

刘禹锡则不同。在失意面前，他没有颓废落寞、灰心丧志，而是以豪迈乐观的态度对待生活，有悲而不哀，有怨而无悔，绝不沉沦，绝不颓废，甚至用一种近乎孩童般的戏谑心态面对生命中的困境。

比如他被贬至安徽和州（今安徽和县）当一名小小的通判。按规定，通判应在县衙里住三间三厢的房子，可和州知县见他是被贬而来的，就故意刁难，先安排他在城南面江而居。谁知刘禹锡不但毫无怨言，而且住得很开心，还写了"面对大江观白帆，身在和州思争辩"贴在门上当对联。

和州知县知道后很生气，吩咐把刘禹锡的住处从县城南门迁到县城北门，面积由原来的三间减少到一间半。房子面积减少了，刘禹锡仍不计较，看到新居位于河边，附近垂柳依依，不由得触景生情，又在门上贴了幅新联："垂柳青青江水边，人在历阳心在京。"

那位知县见刘禹锡仍然毫不在乎，又再次派人把他赶到一间仅能容下一床、一桌、一椅的小屋里。这位势利眼的知县实在欺人太甚，于是刘禹锡坐在逼仄的陋室里，脸上泛着微微的嘲笑，提笔写下了名垂千古的《陋室铭》，并找人刻在了石头上，立在门前：

> 山不在高，有仙则名。水不在深，有龙则灵。斯是陋室，惟吾德馨。苔痕上阶绿，草色入帘青。谈笑有鸿儒，往来无白丁。可以调素琴，阅金经。无丝竹之乱耳，无案牍之劳形。南阳诸葛庐，西蜀子云亭。孔子云：何陋之有？

有人说他是愤然写就，而更多人愿意相信他是带着顽童戏谑的心态落笔的，所以通篇文字非常精炼，81 个字，朗朗上口，而且意境高远、超凡脱俗，让人难以忘怀。最后一句"何陋之有？"，那位知县一定被气吐血了。

这样的心态，这样的心境，挫折逆境尚能戏谑，更别说会被衰老打败了。

第四节　历经沧桑仍不失天真——陆游

陆游生平　陆游（1125—1210），字务观，号放翁，越州山阴（今浙江绍兴）人，南宋文学家、史学家、爱国诗人。陆游一生笔耕不辍，诗词文都有很高的成就。其诗兼具李白的雄奇奔放与杜甫的沉郁悲凉，尤以饱满的爱国热情对后世影响深远。有《剑南诗稿》85 卷传世，收诗 9000 余首。

很多人对陆游这位诗人的印象，大抵不是至死都期盼着国家能够统一的爱国诗人形象，就是因与唐婉的悲凉爱情故事而形成的痴情才子形象。他写"王师北定中原日，家祭无忘告乃翁"，即使是在生命的最后一刻，依旧惦记着祖国还未统一的国土，惦记着无数的百姓是否有安定的生活。他写"红酥手，黄滕酒，满城春色宫墙柳。东风恶，欢情薄。一杯愁绪，几年离索。错、错、错"，令人断肠的词句，让人感慨不已。谁能想到这样的陆游也会是个童心未泯的人呢。

　　陆游的诗歌，不总是透露着铮铮铁骨，还有一些儿女情长，还有一些生活趣味。更不为人所熟知的是，他还是一位写猫最多的诗人。在他的笔下，每一只猫都那么可爱。

　　首先是一首《赠猫》："盐裹聘狸奴，常看戏座隅。时时醉薄荷，夜夜占氍毹。鼠穴功方列，鱼餐赏岂无。仍当立名字，唤作小於菟。"陆游买到了一只可爱的小猫，他希望小猫能够多替他捉老鼠，这样他就会赏给它很多鱼肉大餐，带着美好的期望，陆游给小猫起名"小老虎"。看看，是不是想不到还有这样一个爱猫的陆游。

　　陆游接着写："但知空鼠穴，无意为鱼餐。""裹盐迎得小狸奴，尽护山房万卷书。""贾勇遂能空鼠穴，策勋何止履胡肠。鱼餐虽薄真无愧，不向花间捕蝶忙。"这只小猫可真是乖巧可爱，不仅仅是将家中的老鼠都赶跑了，而且还不是为了奖赏的鱼，既不贪吃也不贪玩，家中的书都不怕被老鼠啃坏了，陆游对小猫可谓是赞不绝口。

　　除了夸奖猫在捕鼠方面的功绩，陆游还有"昼眠共藉床敷软"的诗句，一只毛茸茸的大猫抱起来实在是软软的很舒服，晚上一起睡觉也更加温暖了。怎么样，是不是更加坐实了他爱猫如友的形象。

　　《十一月四日风雨大作》是陆游的代表作品，这诗有两首，后一首我们都很熟悉：

　　　　僵卧孤村不自哀，尚思为国戍轮台。
　　　　夜阑卧听风吹雨，铁马冰河入梦来。

可前一首的诗风完全不同：

　　　　风卷江湖雨暗村，四山声作海涛翻。
　　　　溪柴火软蛮毡暖，我与狸奴不出门。

　　诗人的天真可爱竟然隐藏在铁马冰河之间，在这风雨大作、山呼海啸的时候，只愿和小猫一起躲在温暖的毛毡下，一天都不想出门，真是悠哉美哉。

　　诗人的笔下常常透漏出生活的随意与岁月的慵懒，可见诗人的内心深处还埋藏着童真无邪，让其形象更加立体丰满，也让我们可以更亲近他，这就是童心未泯的好处吧。

　　读了以上四位古人的经典故事，你是否对童心未泯的老年生活有了向往。每个人都可以成为一个童心未泯的人，每个人都可以拥有童心未泯的人生，只要你愿意。

STILL RETAIN
CHILDLIKE
INNOCENCE

| 第十三章 |

中国近现代名人童心未泯经典故事

　　近现代的中国名士辈出，在他们中间，不乏新文化运动的斗士，声名鹊起的艺术家，大器晚成的大师级人物，还有陪伴我们近百年的世纪老人。他们在各自的领域内成果丰硕，但不约而同的都是童心未泯之人。他们的故事，他们的思想，处处都闪烁着童真的光芒，让其更具魅力。

第一节　看透世俗敢说真话的老孩子——鲁迅

鲁迅生平　鲁迅（1881—1936），浙江绍兴人，原名周樟寿，后改名周树人，字豫山，后改豫才，"鲁迅"是他1918年发表《狂人日记》时所用的笔名，也是他影响最为广泛的笔名。他是著名文学家、思想家，五四新文化运动的重要参与者，中国现代文学的奠基人。

提起鲁迅，我们的眼前就会浮现出身着旧式长衫、目光犀利、姿态傲然的人物形象。他是人们心目中真的勇士，敢于直面惨淡的人生，敢于正视淋漓的鲜血。他吟诵着"横眉冷对千夫指，俯首甘为孺子牛"，这是他的人生写照，但不为人知的，是在他无畏的革命精神背后，那看透世情之后仍拥有的一颗童心。

在生活里，他并不那么剑拔弩张，对待生活里的不平事，他反而会用一种幽默的方式去处理。

有一次，鲁迅去一家理发店理发，因为衣着简朴，理发师便把他当没钱的人对待，态度很是敷衍。让人意外的是，鲁迅不仅不生气，反而给了一大把钱。理发师又惊又喜：怎么会有这样的人？自然也就记住了鲁迅。

过了一段日子，鲁迅又去了那家理发店，理发师连忙殷勤地招呼鲁迅，甚至在理发的时候拿出了看家本领。没有想到的是，这次，鲁迅一分钱也没有多给。

理发师迷茫了，忍不住问道："先生，为什么你上回那样给，今天却这样给呢？"

鲁迅这才笑着说："您上回马马虎虎地理，我就马马虎虎地给；这回您认认真真地理，我就认认真真地给。"

听完鲁迅的话，理发师羞红了脸。你说这样的黑色幽默是不是让人拍案叫绝。

广州的进步青年创办"南中国"文学社，希望鲁迅给他们的创刊号题个词，因为鲁迅是名人，可以提升销量，鲁迅却说："要刊物销路好也很容易，你们可以写文章骂我，骂我的刊物也是销路好的。"

虽是实情，却让人忍不住会心一笑。难怪文学评论家夏衍会说："鲁迅幽默得要命。"这样的鲁迅，虽然成熟地看透了世事，却仍然一派天真，有趣而个性独具的言行，让人情不自禁被他吸引。

即使笔露锋芒，鲁迅对生活依然如孩子般热爱，他偏执地爱着生活中那些可以让人心情愉悦的东西。比如糖。据说鲁迅在南京的时候常常花几角钱到下关买一瓶摩尔登糖来吃。鲁迅在《朝花夕拾·琐记》中说，他经常一边吃侉饼、花生米、辣椒，一边看《天演论》。在教育部上班的时候，每每发了工资，他就会去一家法国面包房花 1 个银圆买 20 个奶油蛋糕。要知道，那个时候一个纱厂女工的月薪才 5 个银圆。

鲁迅喜爱的不只是吃的，他还喜欢收藏书画和古玩，喜欢社戏，喜欢骑马，喜欢世界上美好的一切，还有他的儿子——海婴。因为对孩子的期许与厚望，鲁迅对孩子的每一处有趣与每一点进步，都念念不忘形诸笔墨——或许，鲁迅是现代作家中为自己儿子留下最多"传神写照"文字的作家。譬如他说："海婴这家伙反而非常顽皮，两三日前竟发表了颇为反动的宣言，说：'这种爸爸，什么爸爸！'真难办。"（鲁迅 1934 年 8 月 7 日致增田涉的信）后来又补充："他去年还问：'爸爸可以吃么？'我的答复是：'吃也可以吃，不过还是不吃罢。'今年就不再问，大约决定不吃了。"（鲁迅 1934 年 12 月 20 日致萧军、萧红的信）笔墨之间，处处是童心未泯的怜子之情。

鲁迅这些对孩子的期许赞赏与理解放纵，在"父为子纲"的传统社会的人们眼中看来，简直就是对孩子不折不扣的"溺爱"了。为此，鲁迅在 1931 年写了一首《答客诮》来回答这一指责："无情未必真豪杰，怜子如何不丈夫。知否兴风狂啸者，回眸时看小於菟。"

陈丹青在《笑谈大先生》里说："就文学论，就人物论，他是百年来中国第一好玩的人。"就连茅盾也这样形容鲁迅："精神上，他是一个老孩子。"

第二节　用童心呵护童心——丰子恺

丰子恺生平　丰子恺（1898—1975），原名丰润，号子觊，后改为子恺，堂号缘缘堂，法号婴行，生于浙江省崇德县石门湾（今浙江嘉兴桐乡石门镇），中国现代著名的书画家、文学家、散文家、翻译家，被誉为"现代中国最艺术的艺术家""中国现代漫画鼻祖"。

童真是丰子恺人格的最大特征，也是其最宝贵的财富。他在平凡的生活中守望童真，在艺术创作中呈现童心。他是个固执的老人家，又是个天真的老顽童，爱着一切的天然而纯粹的人与事。

在家族同辈中，丰子恺是唯一的男孩。他从小喜欢绘画，尤爱临摹《芥子园画谱》，以至于成年后，进入创作期的丰子恺笔下总书写着平实的文字，散发着纯真的画风，加之他总是以温柔悲悯的心来看待人世间的美好事物，逐渐形成独树一帜的漫画风格。

人要保持童真和诗意，这是丰子恺的人生态度，也是他的美术观点。在纷繁世界里葆有一颗返璞归真的心，童真是引路人。他用童真的眼睛看世界，也正是因为这样，他发现了不一样的世界。

丰子恺是个童心很重的人，善于和儿童交流，常醉心在儿童的游戏和生活中，那些看起来司空见惯的儿童生活场景，经过他的细腻观察，用独到的手法一一融于画作中。在他的漫画创作中，反映儿童生活场景的画作占了一定的比重。看见儿童搭积木，他画《建筑的起源》；看到孩子们产生好奇心，他画《研究》《尝试》；孩子们有了喜怒哀乐，他画《花生米不满足》。还有诸如《爸爸不在家的时候》《瞻瞻的脚踏车》……一幅幅漫画，只撷取生活中极平常的场景，题上画家精心提炼的独具文学韵味的句子，便耐人寻味，尽显纯朴童真。

在丰子恺眼中，儿童的世界是一个充满"同情心"的浪漫世界。身为晒娃狂魔，他自己也是个长不大的孩子。瞻瞻、软软、阿宝……这些听起来嗲嗲的小名，是他给孩子取的名字。儿子瞻瞻穿上大人的衣服和鞋子，左手提包，右手拄着文明棍，头上戴个旧式帽子，模仿着父亲的样子，但丰子恺看到以后不仅没生气，反倒觉得很有趣，用画笔记录下这可爱的瞬间。女儿阿宝把凳子当作自己的朋友，有一天给凳子穿上鞋子，还高兴地说："阿宝两只脚，凳子四只脚。"如此可爱的小女儿情状，已经成为中国漫画史上的永恒记忆。

丰子恺自己曾这样说道："我做这些画的时候，是一个已有两三个孩子的二十七八岁的青年，我同一般青年父亲一样，疼爱我的孩子。我真心爱他们，他们笑了，我觉得比我自己笑更快活；他们哭了，我觉得比我自己哭更悲伤；他们吃东西，我觉得比我自己吃更美味；他们跌一跤，我觉得比我自己跌一跤更痛。"确实，在他诸多的儿童漫画中，我们很容易感受到丰子恺是在用一颗童心小心翼翼地呵护着童心。

丰子恺先生一生对"童心"的真、善、美世界孜孜不倦地追求，倾注毕生的精力去感悟艺术，以一颗赤子之心去守护童心，用独特的表达方式向世界传递着美好。让我们也像他一样，不妨"像个大人一样去生存，像个孩子一样去生活"吧！

第三节　大器晚成写意人生——齐白石

齐白石生平　齐白石（1864—1957），近现代绘画大师，祖籍安徽宿州砀山，生于湖南长沙府湘潭（今湖南湘潭）。他早年曾为木工，后以卖画为生，57岁后定居北京。擅画花鸟、虫鱼、山水、人物，笔墨雄浑滋润，色彩浓艳明快，造型简练生动，意境淳厚朴实。曾任中央美术学院名誉教授、中国美术家协会主席等职。代表作有《蛙声十里出山泉》《墨虾》等。著有《齐白石诗集》《白石老人自述》等。

说到齐白石，大家并不陌生，他是集诗书画印于一身的艺术大师。齐白石从一个木匠成为艺术大师，经历了很多苦难，他的故事也被视为艺术界励志的典型。从"木匠到画匠，画匠到画家，画家到巨匠"，齐白石93

年的人生，起起落落，不循规蹈矩，历经万事万物而对生活拥有了一种豁然的清明洞彻，同时能一直保持着一颗纯真童心来创作，所画的鱼虾虫蟹天趣横生，构成大师独特的艺术气质。

齐白石漫长的艺术生涯由雕花匠人开始，却没有止步于做一个匠人。虽然与前代花鸟画家们的时代和个体经历不同，但是他年少清苦，中晚年遭遇时代变迁、军阀混战和日本侵略，饱经的世事沧桑却是一样的。为什么相似的经历留下的却是截然不同的艺术面貌和价值取向？最根本的原因是他经历磨难后仍葆有一颗纯真的童心。

齐白石童心未泯，对生活始终抱有美好的向往。正是这种率直的个性，加上一颗纯真的童心，使他能够一直创作出情趣盎然、雅俗共赏的艺术形象。你看他的每一幅画，趣从中来，满纸都是腾跃的生命力，笔墨间渗透的是经久不衰的童真童趣。他将细致的工笔和大刀阔斧的画风相结合，创造性地让鸟虫及大白菜、胡萝卜等这些文人们不屑一顾的"俗物"成为画面的主角。

他一生立志"为万虫写照，为百花传神"，在自己的"菜园子"里画得酣畅淋漓，"玩"得乐此不疲。他画小鱼围逐钓饵，是少时的儿戏；画《墨猪出栏》，是对 70 年前放牧生活的记忆。他对一花一草、一鱼一虫的钟爱，让人感受到了一种孩子般的倔强和无拘无束。比如《多子益寿》里的石榴叶子用淡墨铺就，呈

齐白石《蛙声十里出山泉》

不规则的椭圆形，落笔即行即止，再用浓墨一笔勾脉，就像是大象无形的儿童涂鸦，一笔万千，十分有趣。他的那幅《蛙声十里出山泉》，世人都赞叹它没有青蛙却蛙声绕梁的立意，你若仔细端详，那一颗颗小黑点正如一个个被妈妈允许后跑出去无拘无束玩耍的孩子。这种自始至终弥漫着童心的绘画创作千百年来都少有。正是这份少年时光浸润的质朴，让他的艺术有了与广大观众共鸣的情感基础。

他的花鸟画，寥寥数笔便描绘出万千风情，但最终都指归于一个"趣"字，这趣味正来自他童心未泯的心灵映射。毕加索称自己"用一生去学习像小孩子那样画画"，他对齐白石敬佩不已并致力于临摹齐画。在农业文明渐行渐远，一个时代的童年离我们越来越远的今天，齐白石正是用他的画笔还原了他对童真生活的向往，也唤回人们梦里的童年。

第四节　只拣儿童多处行——冰心

冰心生平　冰心（1900—1999），原名谢婉莹，福建福州人，中国民主促进会成员，诗人、翻译家、儿童文学作家、社会活动家、散文家。笔名冰心取自诗句"一片冰心在玉壶"。1923 年出国留学前后，开始陆续发表总名为《寄小读者》的通讯散文，成为中国儿童文学的奠基之作。歌颂大自然，歌颂童心，歌颂母爱，是冰心一生创作的永恒主题。

在千千万万的读者心目中，冰心是一个永远闪光的名字，她为我国儿童文学的发展做出了卓越的贡献。1999 年 2 月 28 日，冰心安然去世，享年 99 岁，被称为"世纪老人"。冰心之所以成为文坛不老松，源于她有一颗不老的童心，她将毕生的心血都倾注在儿童文学的创作中，一生与儿童同行，为儿童创作发声，用作品哺育了几代读者。

这位"只拣儿童多行处"的中国现代文学史上的著名女作家，一步入文坛，便以宣扬"爱的哲学"著称。在作品《繁星》中，她把母爱视为最崇高、最美好的情感，反复加以歌颂；而与颂扬母爱紧密相连的，便是对童真、童趣、童心及一切新生事物的珍爱。在冰心眼中，充满纯真童趣的世界才是人间最美的世界。

冰心 4 岁时迁居山东烟台，此后很长一段时间便生活在大海边。大海陶冶了她的性情，开阔了她的心胸；而父亲的爱国之心和强国之志也深深影响着她幼小的心灵。在她的童年生活里，骑着白马在沙滩上奔驰，留下欢快的笑声；在瓜棚架下听父亲讲故事、看天空的星星；阴天的时候与朋友吹泡泡和聊天，尽情放飞着美丽的童年之梦。这些童年美好的回忆深深地印刻在冰心的脑海里，让她在今后的生活里留下了许多值得回忆的故事。

世界上有许多小孩，天天盼着自己长大成人，冰心却想做回小孩，她说："有一件事，是我常常用以自傲的，就是我从前曾是一个小孩子，现在还有时仍是一个小孩子。"这是她在《寄小读者》中对孩子们说的。《寄小读者》这部作品主要收录 1923—1926 年冰心在海外学习期间的一些奇闻趣事，在编排时除了收录她与孩子们的通信外，另附有她的多篇精品散文。作品语言优美，文笔细腻，饱含深情，字里行间都是冰心对孩子们的关心与鼓励之情。冰心更像一位大姐姐，通过《寄小读者》这本书对少年儿童进行"爱的启蒙"，塑造和培养他们的人格，指导孩子们树立独立的人格，认识新生命的价值。20 世纪六七十年代，冰心又发表了《再寄小读者》和《三寄小读者》，三本通信集虽然发表的时间不同，但主题都是自然、童真，显现了冰心创作的内核，即爱的哲学。

党的十一届三中全会之后，祖国进入新的历史时期，冰心迎来了第二次创作高潮。1980 年 6 月，冰心两次重病，但她仍坚持创作，在此期间发表了短篇小说《空巢》，获全国优秀短篇小说奖。她所创作的一系列散文和小说都脍炙人口、广为流传。作为民间的"外交使者"，冰心还把中国的文学、文化和中国人民的友好情谊带到世界的每个角落。

"童年啊！是梦中的真，是真中的梦，是回忆时含泪的微笑。"冰心一再在诗中表达自己对童年的向往，也在告诉我们：要活在一个纯真的世界，保持一颗童心，追求真善美。

STILL RETAIN
CHILDLIKE
INNOCENCE

| 第十四章 |

中国当代名人童心未泯经典故事

当代大师中，步入 90 高龄的越来越多，越老越有趣，越老越爱做梦，越老越天真，越老越不忘初心，说的就是以下四位名人。他们当中有已作别我们的不慕名利的国学大师、热衷做梦的"杂交水稻之父"，也有一生痴迷古诗词的"穿裙子的士"，还有比年轻人还精力充沛的"老顽童"。他们的故事里，亦是童心满溢，值得反复品读。

第一节　潜心问学天真生活——季羡林

季羡林生平　季羡林（1911—2009），山东聊城人，字希逋，国际著名东方学大师、语言学家、文学家、国学家、佛学家、史学家、教育家和社会活动家，历任中国科学院哲学社会科学部委员、聊城大学名誉校长、北京大学副校长、中国社会科学院南亚研究所所长，是北京大学的终身教授，与饶宗颐并称为"南饶北季"。

享年98岁的季羡林在学界是一位学贯中西、博古通今的学者；在朋友眼中，他风趣、随和、幽默、豁达，甚至带有几分童趣。

一次，出版社要刊印他的日记，发现其中有他年轻时"咒骂考试""看女同学大腿"等内容，便建议"适当删减"，他拒绝了："我考虑了一下，决定不删，一仍其旧，一句话也没有删。我七十年前不是圣人，今天不是圣人，将来也不会成为圣人。"

他任北大副校长时，一次新学期开学，有一名新生带了不少行李走进北大校园，正好他从这里路过。新生看季羡林穿着朴素，还戴着北大的红校徽，断定这个人是学校的老校工，于是向季羡林求援："大爷，帮我看会儿行李，我去办手续！"季羡林欣然应允，摆摆手说："你赶紧去吧，行李我帮你守着。"那新生就跑走了。结果，季羡林站在太阳底下等了一个多小时，那个新生才气喘吁吁地跑回来对季羡林说："谢谢您，大爷！"说完，背起行李消失在校园深处。

第二天开学典礼上，当季校长上台讲话时，那名新生才知道那位给自己看了一个多小时行李的老者，竟然就是大名鼎鼎的季老先生。他后悔不迭。

曾有人当面向季羡林核实此事，他幽默地回答："有这么档子事。但关于其中的称谓得更正一下，那个学生当时不是称我'大爷'，而是'老师傅'。"

对于自己一生的学识，季羡林一直都非常谦虚谨慎，自我评价十分低调。他不止一次地说过："不要提什么'国学大师'，真正的大师是王国维、陈寅恪、吴宓，我算什么大师？我生得晚，不能望大师们的项背，不过是个杂家，一个杂牌军而已。"2007年年初，季羡林做出一项"惊人之举"，辞去罩在自己头上的三个光环——国学大师、学界泰斗、国宝，他还不无幽默地说："三项桂冠一摘，还了我一个自由自在身。"

季老的天真里，很大一部分就是他的真性情。他不会把自己伪装成一个圣人的模样。《天真生活》是季老的一部随笔集，收录了季老从生活琐事到大是大非再到人间生死的诸多感悟。在这部作品里，他用一生诠释了"真"的意义与价值，无论写文还是做人，均保留着"真"的本色。

第二节　赤子之心追寻两个梦——袁隆平

袁隆平生平　袁隆平（1930—2021），江西九江人，生于北京，是享誉海内外的著名农业科学家，"共和国勋章"获得者，中国杂交水稻事业的开创者和领导者，国家杂交水稻工程技术研究中心原主任，中国工程院院士，被誉为"杂交水稻之父"。

袁隆平享年91岁，他将"发展杂交水稻，造福世界人民"作为终其一生的梦想和追求，长期致力于促进杂交水稻技术创新，并将其推广至全世界，被誉为"杂交水稻之父"。

如果说，天下有英雄，让黎民百姓除饥馑、享受丰乐，袁隆平就是其中一个。他是一位为祖国和人民劳碌了一生的老人，同时也是一位童心未泯，不喜欢古板，不喜欢一本正经的"90后"。古稀之年时，他曾称自己是"70岁的年龄，50岁的身体，30岁的心态，20岁的肌肉"。过完90岁生日，他就改口自己是"90后"。

2020年七月初九，是袁隆平农历90周岁生日。在生日前一天，他特地穿上新衣服，去自己的"宝藏理发店"理了个帅帅的发型。理发的时候，他还问店主："我是胖了还是肿了？"店主说："是胖了！"这次理完头发，袁隆平还开心地说："又年轻了 5 岁！"紧跟时代步伐的他积累了不少新词，80 岁的时候，他称自己为"80 后"，90 岁的时候又笑称自己摇身一变为"90 后"了，像个童心未泯的孩子。接受央视采访，被问及"您觉得自己帅不帅"时，他调皮地笑着回答："Handsome！"天气晴朗的日子，这位老人还会在午后安静地听听柴可夫斯基的音乐。这些都是他不常为人所知的一面，透露着老人的童心和乐观向上的生活态度。

"尽管天上有一颗以我的名字命名的行星，地上到处有我的画像，名字也经常出现在各种媒体上，但我绝对没有高处不胜寒的感觉。因为我童心未泯，不喜欢古板，不喜欢一本正经。"袁老这段话表达了自己的初心和童心，也正是这样的初心和童心，才造就了袁老热爱自由、随性散漫的性格，也正是这样的性格，他才会对自然充满向往和敬畏，才会选择与自然朝夕相伴，才会在田间埋头苦干，才会在耄耋之年还不知疲倦地不断科研、不断贡献。

"我做过一个梦，梦见杂交水稻的茎秆长得像高粱一样高，穗子像扫帚一样大，稻谷像一串串葡萄那么饱满，籽粒像花生那么大，我和大家一起在稻田里散步，在水稻下面乘凉。"袁老曾经这样描述自己的梦想，这梦想多像童话世界里的景象。他一生致力于要让这童话梦境成为现实，他的另一个梦想是"杂交水稻覆盖全球梦"："全世界有 1.6 亿公顷的稻田，如果其中一半种上了杂交稻，每公顷增产 2 吨，每年增产的粮食可以多养活 5 亿人口。"

2004 年"感动中国"颁奖典礼上介绍袁老的颁奖词称："当他名满天下的时候，却仍然只是专注于田畴，淡泊名利、一介农夫，播撒智慧、收获富足。"在他心里，两个梦想支撑着他不懈奋斗、持续钻研，同时也是一颗童心未泯的心让他永葆乐观年轻的心态，走过简单、随意而又充实的一生。

第三节　若有诗书藏于心　岁月从不败美人
——叶嘉莹

叶嘉莹简介　叶嘉莹，号迦陵，1924 年出生于北京，教育家、中国古典文学研究专家，专攻古典文学方向。现为南开大学中华古典文化研究所所长、中华诗词学会名誉会长、博士生导师、加拿大皇家学会院士。

70 年来，叶嘉莹培养了大批中国传统文化和古典文学人才，为传播中国文化做出重要贡献。她不仅精于传统诗词学，而且融中西文化学识于一炉，相对于前辈学者，她是更接近我们时代的一位大师。过去几年，叶嘉莹陆续将自己的全部财产 3500 多万元捐赠给南开大学教育基金会，设立"迦陵基金"，用于支持中华优秀传统文化研究。

叶嘉莹先生一生命运多舛，少年永别慈母，中年痛失爱女，一生婚姻不幸，半世四海飘零……这样经历的任何一段放在普通人身上，都足以将人击垮。可叶嘉莹先生却能历经近百年的风风雨雨，依然优雅坚定。如同诗词里开出来的美人花，岁月和磨难都无法使她"凋零"。

到底是什么让她经历那么多的苦难还能将自己沉浸在古诗词的诗意之中，为传播中华文化而一生奔走，活得如此灿烂？我想，是她的童心，是那颗热爱诗词的初心，如《人民日报》曾评价叶嘉莹的话："九十载光阴弹指过，未应磨染是初心。"

叶嘉莹先生自小与诗词结伴，宁静的四合院里，窗前几抹修竹，塘中几瓣睡莲，都为她带来诗意的联想。"人间草木深，我心桃花源"，诗词在她心里扎根发芽，也温养着她美好的灵魂。

叶先生曾说过，自己之所以如此热爱古诗词，其实是出于其中一种"感发生命"的感动和召唤。对于她来说，诗词中的巧思和美感，就是她的微光。万般困苦时，是诗词疗愈了她的内心，而文学式微时，她亦愿意穷极毕生所学，摆渡诗歌，也摆渡时代里一个个求真求美的灵魂。

叶先生为她一生所获得的学者、教师、诗人等众多名号排了个序，说自己大半生的时间都用于教学了，所以首先是教师，其他的都排在这后面。"我天生来就是一个教书的。"叶先生说。从 1945 年大学毕业至今，她在讲台后站了整整 70 年。初回南开，叶先生白天讲诗，晚上讲词，堂下座无虚席。她写下了"白昼谈诗夜讲词，诸生与我共成痴"的句子。诗词几乎是叶嘉莹生活的全部，尤其现在当她孑然一身迈入老年，给年轻人讲课成了她最愿意做的事。只要有人邀请，她都欣然前往。

30 多年来，她曾经应邀到国内几十所大学讲学，举行古典诗词演讲有数百场之多。当被问及为何在如此高龄，还要坚持推广普及古诗的吟诵时，叶先生这样说："因为我觉得我对不起年轻人。以前我上课大多是在讲批评啊讲欣赏啊，但是我没有教吟诵。我觉得吟诵要是断绝了真的可惜。不留下正统的吟诵，我觉得对不起下一代的学生。"

作家白先勇说到叶嘉莹："她站在那里不必讲话，就是一个贵族。"《掬水月在手》（叶嘉莹先生的传记式纪录片）导演陈传兴说："叶嘉莹虽然 96 岁了，内心深处还像个小孩子。"也许就是这一点童心，让这位传奇女性容颜不老、诗词永伴，恰如海上蓝鲸般传递诗魂，以期后世的知音。

叶嘉莹先生从事教学整整 70 年，她的真诚和童心显而易见。她对诗词的痴迷，对吟诵的执着，恰恰让她在喧嚣浮躁的世界中保持着一颗纯粹透亮的童心，生活也多了几分趣味的可能。在浮华世界中，仍能保持真心、率真、善良的人，是难得且有大智慧的。

第四节　永远天真的老顽童——黄永玉

黄永玉简介　黄永玉，笔名黄杏槟、黄牛、牛夫子。1924 年出生在湖南常德，祖籍为湖南凤凰，中国国家画院院士，中央美术学院版画系教授。

现存于世的老一辈名人之中，黄永玉绝对是一个童心永存、幽默风趣的老顽童。12 岁一个人出门流浪；14 岁爱上当木匠；32 岁成为享誉全国的画家；50 岁学着考驾照；60 岁随手画了一张猴票，现在身价暴涨 30 万倍；70 岁跑去意大利游学写生；80 岁给《时尚杂志》做封面模特；91 岁教女神林青霞做野孩子；93 岁还开着一辆红色法拉利去飙车……他是一个活了一个世纪的段子手，一个有趣的灵魂。有人称他"老顽童"，有人称他"黄老邪"。

他为人很真，哪怕是自己景仰的文坛前辈，也敢直言不讳。1983 年，黄永玉给大剧作家曹禺写信："我不喜欢你解放后的戏，一个也不喜欢。"他毫不留情地批评对方，心不在戏上了。曹禺一直将这封信保存着，视他为少数敢说真话的真朋友。

一次白岩松拜访黄老，看到他在开法拉利。就惊讶地问："老爷子，你一把年纪了还玩这个？不都是小年轻才飙车吗？"

黄老白眼一翻："我不是小年轻吗？"

白岩松道："您这不是炫富吗？"

黄老道："我能炫什么富，我玩什么就是因为它好玩，跑车就是一玩意儿。"

白岩松问："您为什么这么喜欢玩？"

黄老道："你要知道，这世上很多事其实没什么意义，很多东西也未必有一个意义。只要你觉得有趣，做便是了。"

做个有趣的人，做许多有趣的事，这是孩子才有的心态吧。黄永玉老先生就一直像个孩子一样活着。

他淡泊名利。国家博物馆曾经为他举办个人作品展，所有人都称呼他"黄大师"，他却一点也不高兴，拉长了脸说："我算什么大师？如今真是教授满街走，大师多如狗！"他的学生想要成立一个"黄永玉画派"，黄永玉坚决反对："我不想成群结党，狼群才需要成群结党，狮子不用。"

他看淡生死。活到 90 多岁，生死黄永玉本人早就看淡了。他长寿，沈从文、汪曾祺、金庸……多少人走在他前面。他开始调皮，想在死前就开追悼会，找个躺椅躺着："趁自己没死，听听大家怎么夸我。"

在他的作品里，更是处处透露着他的"不正经"。别的画家都画有意境的高山流水，他画一个出恭拉屎；别人画的观音严肃圣洁，他画的观音萌萌哒……后来，只是在画面里表达"不正经"，已经无法阻挡"语不惊人死不休"的"黄老邪"了，他开始在画作上添加"注解"。这一加不要紧，火了！这些"注解"句句经典，他也被称为国画界的高级段子手。

画一只红红绿绿的鹦鹉，他写"鸟是好鸟，就是话多"；画亚当和夏娃，他写"夏娃问亚当蛇到哪里去了，亚当说让广东佬偷去泡了酒"；画《生个蛋犯得上这么大喊大叫嘛》，黄老邪想说，"母鸡下蛋，公鸡打鸣"乃是各司其职的份内之事，用不着自吹自擂，诚实做人、秉公办事才是硬道理。一幅画，寥寥几句，就道尽人生百态，嬉笑怒骂尽在挥毫之间，仔细品味，都是黄永玉历尽沧桑人生后的顿悟和洒脱。

"一辈子鲜活，一辈子有趣，这潇洒又可爱的老头儿，或许是活得最明白的人了！"我们老了的时候，也许很难活成黄永玉那样，但我们至少可以保留一份童心，一份在看透世事之后，还能有坦率与宽容的不老心态，有趣又鲜活地度过我们的一生。

中外童心未泯名句欣赏

　　岁月永远年轻，我们慢慢老去，你会发现，童心未泯，是一件值得骄傲的事情。"童心"是纯真、求知欲和活力，童心未泯表示此人内心纯真，充满阳光和活力，永葆对知识和世界的好奇心和感知力，具备精神力量，出淤泥而不染，谨守本心，不受外界干扰。古今中外，对于童心的真、美、趣，不同人有不同的解读，不同人有不同的探索，但带给我们都是对童心未泯理解的不同视角，以及同样的向往。

第一节　品味童心未泯之真

暮春者，春服既成，冠者五六人，童子六七人，浴乎沂，风乎舞雩，咏而归，夫子喟然叹曰："吾与点也！"

——《论语·先进》

赏析：那是 2500 多年前的某一天，孔子叫来了他的弟子子路、曾点、冉有、公西华四人，分别问了他们的人生理想。几个学生尽情发挥，子路说完，孔子只是微笑了一下，冉有和公西华说完，孔子皱起了眉头，似乎不满意，但当曾点说到"暮春者，春服既成，冠者五六人，童子六七人，浴乎沂，风乎舞雩，咏而归"时，孔子欣然曰："吾与点也！"我的想法和曾点的一样啊！

孔子的这句赞赏，让我们看到了另一个拥有着童心的孔子。千百年来，无数人把孔子看作是一位不苟言笑、循规蹈矩的圣人，没想到孔子竟有如此的童心童趣。岂止是童心童趣啊，暮春时节，穿着新做的春服，和五六个大人一起，带着六七个孩子，在沂河中畅快地沐浴，在求雨台上感受春风，最后再唱着歌一路走回去，这难道不是孔子的人生理想吗？

〔清〕康涛《孟母断机教子图》

孟子曰："大人者，不失其赤子之心者也。"

——《孟子·离娄下》

赏析：所谓"赤子"，就是婴儿，"赤子之心"一般人认为是童心，但不是幼稚，而是形容人的天真之心。普通的一个人，能够永远保持他的天真童心，没有心机，就是至善，就是"赤子之心"。"故君子与其练达，不若朴鲁"，一个人并不需要深通人情世故，面面圆融，处处通达，不如老实一点，"笨"一点，保持那份天真比较好。人纯厚，则能保持天真，就能拥有赤子之心。孟子说，只有这样的人，才称得上是中国文化所标榜的"大人"，才可以做圣君、贤相。

礼者，世俗之所为也；真者，所以受于天也，自然不可易也。故圣人法天贵真，不拘于俗。

——《庄子·渔父》

赏析：这句话的意思是：圣哲之人效法天道看重本真，不受世俗的拘束。这种天真，是"圣人法天贵真，不拘于俗"的天真，是内心自然流淌出来的天真，是求真务实式的天真，是与一切虚伪与矫揉相对立的天真。

庄子所持的宇宙与人的关系是"天人合一"的，是物我两忘的，所以他有着通达的生死观。他以人的完整生命为起点来思考人应当度过一个怎样的生活旅程。庄子有好多次机会做大官、发大财，可他都放弃了。他想做的是成为一个"永远不要长大的人"，无忧无虑，自由自在，在广阔的人生天地里和花木鱼鸟为伍。他在梦里化过蝴蝶，也曾想象过变成一只大鹏鸟，他所营造的精神世界迷幻诱人，启示着无数的人们。

庄子主张顺从天道而摒弃"人为"，摒弃人性中那些"伪"的杂质。顺从"天道"，从而与天地相通的，就是庄子所提倡的"德"。

在庄子看来，真正的生活是自然而然的，因此不需要去教导什么、规定什么，而是要去掉什么、忘掉什么，忘掉成心、机心、分别心。既然如此，还用得着政治宣传、礼乐教化、仁义劝导吗？这些宣传、教化、劝导，庄子认为都是人性中的"伪"，所以要摒弃它。要回归到纯粹的天真，人才成为真正的人。

夫童心者，绝假纯真，最初一念之本心也。

——〔明〕李贽《童心说》

赏析：李贽认为所谓的童心，其实是人在最初未受外界任何干扰时的一颗毫无造作、绝对真诚的本心。如果失掉童心，便是失掉真心；失去真心，也就失去了做一个真人的资格。而人一旦不以真诚为本，就丧失了本来应该具备的完整人格。正所谓做人做学问都要真实坦率地表露内心的情感和欲望。

在理解的过程中，我们需要更好地把握童心之真就是"最初一念之本心"的概念，任何时候都不能丢弃这一份真。

第二节　感知童心未泯之美

梅子留酸软齿牙，芭蕉分绿与窗纱。
日长睡起无情思，闲看儿童捉柳花。

松阴一架半弓苔，偶欲看书又懒开。
戏掬清泉洒蕉叶，儿童误认雨声来。

——〔南宋〕杨万里《闲居初夏午睡起两首》

赏析：生活在南宋动荡时期的大诗人杨万里，历经四代皇帝，一生主战，得罪了不少权贵，仕途坎坷，但他始终像个老小孩，用率真豁达的胸怀去包容一切，出走半生，依然童心未泯。诗里的那群孩子那么纯真可爱，追逐飘飞的柳絮也能玩得十分开心，听到杨万里用泉水洒蕉叶的声音，还以为是淅淅沥沥的雨声。纵然隔着千年的光阴，透过纸背，读诗的人也不禁会心一笑。诗写得这般有趣，不仅仅是因为那群可爱的孩子，更是因为此时的杨万年虽然已经年近中年，经历了悲痛与沧桑，却依然童心未泯，能笑看世界，在平淡生活中发现美，让自己开心起来，这正是童心未泯的人才能发现的美。

　　光阴蹉跎，世界喧嚣，我自己要警惕，在人生旅途上保持一份童趣和闲心是不容易的。如果哪一天我只是埋头于人生中的种种事务，不再有兴致扒在车窗旁看沿途的风光，倾听内心的音乐，那时候我就真正老了俗了，那样便辜负了人生这一趟美好的旅行。

——周国平《车窗外》

赏析：你只有读懂了生命之重，才能看淡时光之轻。作家周国平在喧嚣的人生旅途里，把兴致勃勃看风景、听内心的音乐、保持一份童趣看得比什么都重要。因为人生这一趟美好的旅行里，没有什么比内心的童真更美好的风景了。

　　岁月永远年轻，我们慢慢老去，你会发现，童心未泯，是一件值得骄傲的事情。

——〔日本〕宫崎骏

赏析：用"造梦大师""童心守护神"这些称呼来形容宫崎骏再合适不过。他以童真隽永的风格、高度的人文思考，成为日本最具世界影响力的传奇动画大师。翻看宫老的作品，从《鲁邦三世》到《未来少年柯南》，从《风之谷》到《起风了》……题材极为宽泛，成长、冒险、战争、生命、环保、友情、亲情、爱情无所不包。蓝天白云、绿草森林，可爱的龙猫、夜晚的小精灵、哈尔的城堡、锅炉爷爷的小煤球……宫崎骏的动画里，总是守护着那份童心和美好。因为，在他心底，童心未泯，是一件值得骄傲的事情。人们在观赏他的作品时常常能回忆起童年时的纯真，引发对成长的思考。这个老人用尽一生来治愈百孔千疮的人心，守护我们失去已久的童心。

　　我时常回到童年，用一片童心来思考问题，很多烦难的问题就变得易解。

——王小波《我的精神家园》

赏析： 作家王小波认为：你简单，世界就简单，你复杂，世界就复杂。有时候不是烦恼太多，而是我们想得太多。所以，人总要保持点童心，用孩子的思维考虑问题，很多烦恼就会自动消失，生活也就更加美好。

第三节　体会童心未泯之趣

　　夫趣得之自然者深，得之学问者浅。当其为童子也，不知有趣，然无往而非趣也。面无端容，目无定睛，口喃喃而欲语，足跳跃而不定。人生之至乐，真无逾于此时者。孟子所谓不失赤子，老子所谓能婴儿，盖指此也。

——〔明〕袁宏道《叙陈正甫〈会心集〉》

赏析： 诚然，人的社会属性决定了个人只有在社会中才能发挥更大的价值。但是当每一个人的价值总是不断被外界主宰、定义和消费，而人的内心没有一个稳定且强大的人格来自我主宰和自我定义时，人的心灵就会被束缚并逐渐失去自由。袁宏道把婴儿和孩童在没有进入复杂社会关系时的状态描述给我们看，"面无端容，目无定睛"，无所顾忌，无所羁绊，真实而自在。因为心无挂碍，才能以真实的内心感知客观世界，因为真实，才能细腻而敏感，从而撷取更丰富的客观世界素材，也因此就有了更多的趣味。

　　如此我们便能从一个方面来理解袁宏道，所谓秉承一颗"童心"，抛弃"功利心"，从而得到真正的"趣"，其实本质就在于：人只有真诚地面对自己，才能更好地感知和响应这个世界；人只有让自我生命价值的定义权回归到手中，而非被外界过度符号化，才能"不受打扰"地欣赏这个世界的细腻和美感，达到精神生活的返璞归真，让生命永存在自然的怀抱中，一同达到"物我合一"的境界。

芳兰移取遍中林，余地何妨种玉簪。
更乞两丛香百里，老翁七十尚童心。
——〔南宋〕陆游《窗前作小土山蓺兰及玉簪最后得香百合并种之》

赏析：南宋著名爱国诗人陆游一生屡遭排挤，仕途坎坷，虽生活困顿，却享有 85 岁高龄，成为中国古代诗坛最高产且最长寿的诗人。他把种花当成寻找生命乐趣的寄托，窗前有一点土丘，他也没让其闲置，而是种了兰花，余地种了些玉簪，这还不够，还从别人那里要来一些百合种上。谁能想到，此时的陆游已是 70 岁高龄，依然有这样的童心，真是幸福的事。童心未泯，就能感知生活的美好和趣味，就能让自己快乐。锄地种花，劳动了筋骨，锻炼了身体，看着美好的花，开心得像个孩子似的，如此心态，能不长寿吗？

余忆童稚时，能张目对日，明察秋毫，见藐小之物必细察其纹理，故时有物外之趣。

——〔清〕沈复《童趣》

赏析: 《童趣》是清朝沈复《浮生六记》里的一篇文章,作者回忆了自己童年时期,善于观察周遭的细小事物,常常从中获得意想不到的乐趣。这也告诉我们,能够保持一颗童心,就能拥有一双发现美和乐趣的眼睛,就能找到生活的快乐源泉。

　　世间教育儿童的人,父母、老师,切不可斥儿童的痴呆,切不可把儿童大人化,宁可保留、培养他们的一点痴呆,直到成人以后。因为这痴呆就是童心。童心,在大人就是一种"趣味"。培养童心,就是涵养趣味。小孩子的生活,全是趣味本位的生活。

　　　　　　　　　　　　　　　　——丰子恺《学会生活的艺术》

赏析: 在丰子恺的眼里,小孩子的生活全是趣味,要想童心未泯,就要培养童心,像孩子一样看世界,像孩子一样与世界相处,也就是涵养趣味。所以在他的笔端,他的画里,都是诗意,都是谐趣,都是带着童心对世界的打量。就像朱自清说的:"我们都爱你的漫画有诗意,一幅幅的漫画,就如一首首的小诗——带核儿的小诗。你将诗的世界东一鳞西一爪地揭露出来,我们这就像吃橄榄似的,老觉着那味儿。"

第四节　探索童心未泯之境

　　我相信一个人的童心切不可失去。大家不失去童心,则家庭、社会、国家、世界一定温暖、和平而幸福。所以我情愿做"老儿童",让别人去奇怪吧!

　　　　　　　　　　　　　　　　——丰子恺《我与〈新儿童〉》

赏析: 丰子恺皈依佛门之后,弘一法师为其取名婴行。"文化大革命"中,丰子恺先生虽身心备受摧残,仍对世界充满希望,内心通透如水、观

丰子恺《闲庭春画》

世如初。如若不是内心保持了一份至真至纯的童心，如何能看透眼前的蝇营狗苟，看淡世上的名利追逐，达到坦然面对宠辱纷争、淡泊得失的境界。真正童心未泯的人，应该就是看过这世上的丑陋与黑暗，仍能持有温暖平和的内心世界，仍能把温暖、和平与幸福传递给世上的人吧。

自沐朝晖意蓊茏，休凭白发便呼翁。

狂来欲碎玻璃镜，还我青春火样红。

——臧克家《八十抒怀》

赏析：臧老直抒胸臆，豪情满怀，青春永不老。他年近百岁，堪称老寿星。臧老在 2004 年 2 月 5 日去世，享年 99，写这幅字时 83 岁。读这四句诗时，"老骥伏枥，志在千里"的意境扑面而来，这是一种不服老的心境，仍有少年雄心满怀的豪情。

附录一

学校简介

1998 年，浙江老年电视大学经浙江省教育委员会批准，由浙江省老龄工作委员会、浙江省人事厅、浙江省总工会联合创办。目前，学校隶属于浙江省卫生健康委员会。

浙江老年电视大学是一所"没有围墙的大学"。办学以来，学校始终贯彻"增长知识，丰富生活，陶冶情操，促进健康，服务社会"的办学宗旨，坚持"学无止境，乐在其中"的办学理念，通过电视节目，网络视频点播与下载，第二、三课堂，讲师团送课等形式开展老年教育，讲授适应现代生活的社会科学文化知识，帮助老年人实现老有所学、老有所教、老有所为、老有所乐的目标。

学校开设身心健康、家庭和谐、社会交往、快乐休闲、文化修养等方面的课程，邀请浙江省内高等院校、医院、科研院所的专家授课。讲课内容通俗易懂，采用案例化教学，实用性、科学性强。每年分春、秋季学期，每个学期有 2 门电视课程。8 门课程考查合格者，颁发"浙江老年电视大学毕业证书"。

入学方式：社会和农村老人到当地的社区（村）教学点或基层老龄组织报名；各地离退休干部、职工可到系统或部门建立的教学点报名，也可就近就便到住所地教学点报名。

学习方式：老年学员可根据自己的需求爱好，选择居家收视学习或在教学点集中收视学习。

浙江老年电视大学联系地址：杭州市环城西路 31 号（邮编：310006）

联系电话：0571-87053091　0571-87052145

电子邮箱：60edu@zjwjw.gov.cn

附录二

课程安排

《童心未泯》共 15 讲，分 15 周播出，具体安排如下：

日　　期		课　次	教学时间
周五（首播）	周六（重播）		
2022 年 9 月 16 日	2022 年 9 月 17 日	第一讲	8：30—9：00
2022 年 9 月 23 日	2022 年 9 月 24 日	第二讲	8：30—9：00
2022 年 9 月 30 日	2022 年 10 月 1 日	第三讲	8：30—9：00
2022 年 10 月 14 日	2022 年 10 月 15 日	第四讲	8：30—9：00
2022 年 10 月 21 日	2022 年 10 月 22 日	第五讲	8：30—9：00
2022 年 10 月 28 日	2022 年 10 月 29 日	第六讲	8：30—9：00
2022 年 11 月 4 日	2022 年 11 月 5 日	第七讲	8：30—9：00
2022 年 11 月 11 日	2022 年 11 月 12 日	第八讲	8：30—9：00
2022 年 11 月 18 日	2022 年 11 月 19 日	第九讲	8：30—9：00
2022 年 11 月 25 日	2022 年 11 月 26 日	第十讲	8：30—9：00
2022 年 12 月 2 日	2022 年 12 月 3 日	第十一讲	8：30—9：00
2022 年 12 月 9 日	2022 年 12 月 10 日	第十二讲	8：30—9：00
2022 年 12 月 16 日	2022 年 12 月 17 日	第十三讲	8：30—9：00
2022 年 12 月 23 日	2022 年 12 月 24 日	第十四讲	8：30—9：00
2022 年 12 月 30 日	2022 年 12 月 31 日	第十五讲	8：30—9：00

以上课程由浙江电视台新闻频道播出。同时在浙江省老年活动中心网站（www.zj-ln.cn）、华数电视浙江省老年活动中心远程教育学院定制频道和中心微信公众号（微信号：zjllwydx）提供视频点播学习。